Adolf Gottschalk

Über die Sprache von Provins im 13. Jahrhundert

Adolf Gottschalk

Über die Sprache von Provins im 13. Jahrhundert

ISBN/EAN: 9783744601573

Hergestellt in Europa, USA, Kanada, Australien, Japan

Cover: Foto ©ninafisch / pixelio.de

Weitere Bücher finden Sie auf **www.hansebooks.com**

ÜBER
DIE SPRACHE VON PROVINS
IM 13. JAHRHUNDERT
NEBST EINIGEN URKUNDEN.

INAUGURAL-DISSERTATION

ZUR ERLANGUNG

DER PHILOSOPHISCHEN DOCTORWÜRDE,

WELCHE MIT

GENEHMIGUNG DER HOHEN PHILOSOPHISCHEN FACULTÄT

DER

VEREINIGTEN FRIEDRICHS-UNIVERSITÄT HALLE-WITTENBERG

AM DIENSTAG, DEN 9. MAI 1893
VORMITTAGS 11 UHR

ZUGLEICH MIT DEN ANGEHÄNGTEN THESEN
ÖFFENTLICH VERTEIDIGEN WIRD

ADOLF GOTTSCHALK

AUS CASSEL.

OPPONENTEN:

HERR DR. PHIL. **OTTO ROTTIG.**
HERR CAND. PHIL. **EDUARD WECHSSLER.**

HALLE A. S.,
HOFBUCHDRUCKEREI von C. A. KAEMMERER & CO.
1893.

MEINEN LIEBEN ELTERN.

Für vorliegende Arbeit über die Sprache von Provins im 13. Jahrhundert wurden folgende Handschriften benutzt:

1) Cartulaire français de Gouvois et de Provins. XIIIe siècle. Gouvois ist das heutige Gouaix, etwa 10 km südlich von Provins. Den hier angegebenen Titel trägt die Handschrift auf dem Rücken des Einbandes. Dieselbe gehört der Bibliothèque Nationale in Paris und hat die Signatur Fond Français 8593. Über den Inhalt dieser Handschrift hat gehandelt: „Félix Bourquelot, Renier Acorre financier et grand propriétaire au 13ième siècle" in der Bibliothèque de l'Ecole des Chartes, t. 2⁴, S. 64 ff. Derselbe drückt sich bezüglich des Inhaltes folgendermassen aus: [Ce volume] est en réalité une collection tout individuelle et privée; c'est le registre dans lequel un propriétaire du moyen-âge a tenu note des contrats et autres actes ou documents relatifs à l'administration de sa fortune, soit en reproduisant ces actes dans leur intégrité, soit, et le plus souvent, en en conservant un simple sommaire". Die älteste Urkunde ist aus dem Jahre 1258, die jüngsten Urkunden sind von 1288 und 1289.

Schon an dieser Stelle sei bemerkt, dass Renier Acorre Florentiner war und sich in Provins und Gouaix angesiedelt und dort grosse Besitzungen erworben hatte. Als Ausländer hat er jedenfalls das Französische so niedergeschrieben, wie es in Provins gesprochen wurde. Dass er vorher in einer anderen Gegend Frankreichs gewohnt hat, ist nicht bekannt. Die Zugehörigkeit dieses Cartulaire zur Sprache von Provins wird vorliegende Untersuchung beweisen.

Die folgenden Handschriften sind sämtlich in Provins.

2) Cartulaire de la ville de Provins, XIIIe et XIVe siècles. Hierüber haben wir eine „Notice" von Félix Bourquelot in der Bibliothèque de l'École des Chartes, t 17. S. 193 ff. und 428 ff. Diese Handschrift ist ein Folioband von 206 Pergamentblättern, von denen jede Seite in 2 Spalten beschrieben ist. Die älteste Urkunde ist aus dem Jahre 1230, die jüngsten von 1330—1332. Die Urkunden sind von verschiedenen Händen eingetragen. Die Zeit der Niederschrift dürfte für einen grossen Teil der Urkunden in die erste Hälfte des 14. Jahrhunderts fallen. Catalogisiert unter No. 89 (Michelin 34).

3) Censier de l'Hôtel-Dieu de Provins (années 1250-1280). Original. In dem Catalogue Général des Manuscrits des Bibliothèques publiques de France, Départements T. III. finden wir folgende Notiz über die Handschrift: „Description et estimation des maisons appartenant à cet hôpital; liste des censitaires. En français et en latin XIIIe siècle. Parchemin. 39 feuillets. 282 sur 210 millim. Couverture en parchemin". Catalogisiert unter No. 268 (Mich. 58).

4) Recueil de 263 chartes sur parchemin, formant un cartulaire factice de la ville et des couvents de Provins. „Dates extrêmes 1146—1786. Le XIIIe siècle commence au No. 25, le XIVe au No. 124". Dieses sind lateinische und französische Orginalurkunden, die von F. Bourquelot in einem grossen Foliobande in chronologischer Reihenfolge aufgeklebt und numeriert worden sind. In französischer Sprache aus dem 13. Jahrhundert enthält dieser Band nur eine Originalurkunde von 1296; jedoch habe ich bei meiner Untersuchung auch je eine von 1301, 1302 und 1309 benutzt Catalogisiert unter No. 85 (Mich. 1).

5) In einer unter No. 87 (Mich. 62) catalogisierten „Liasse de 34 chartes" fand ich nur eine Originalurkunde aus dem Jahre 1296.

6) In einer Salle des Hôtel-Dieu in Provins, welche viele vollständig ungeordnete Actenstücke enthält, fand ich zufällig ein „Grand Cartulaire de l'Hôtel-Dieu de Provins" und ebenso ein „Petit Cartulaire". Diese 2 Handschriften scheinen selbst F. Bourquelot unbekannt gewesen zu sein. Das Grand Cartulaire ist ein starker Folioband von 177 Pergamentblättern. Die ersten zwei fehlen, ebenso Bl. 154. Die Deckel sind von Holz und mit Leder überzogen. Jede Seite ist in 2 Spalten beschrieben. Der grösste Teil der Urkunden ist in lateinischer Sprache abgefasst. Dem lateinischen Hauptteile geht ein französischer, jedenfalls nachträglich hinzugefügter voraus; am Schlusse desselben auf Blatt 14a findet sich folgende Notiz: „Cist livres fu faiz de la main Sarradin le clerc en lan de Grace M. ccc. et 1 en Juig". Im Hauptteile finden wir einige 20 französische Urkunden aus dem 13. Jahrhundert; die älteste von 1253, die jüngsten von 1297.

7) Das Petit Cartulaire de l'Hôtel-Dieu de Provins enthält auf 117 Pergamentblättern in Kleinfolio 375 Urkunden aus der 2. Hälfte des 13. Jahrhunderts, die meist in lateinischer Sprache abgefasst sind. Für meine Untersuchung konnte nur die Urkunde 367 aus dem Jahre 1268 in Betracht kommen. Dieses Petit Cartulaire ist ebenso gebunden wie das Grand Cartulaire und gleichfalls sehr gut erhalten. Die Seiten sind nicht in Spalten geteilt.

Von diesen sämtlichen Handschriften ist noch nichts gedruckt. Einige von F. Bourquelot in seinen zwei genannten Aufsätzen angeführten Urkunden, sowie die seiner „Histoire de Provins" angehängten „Pièces justificatives" sind sämtlich modernisiert und für unsere Zwecke unbrauchbar. Leider waren mir 2 in einem versiegelten Glaskasten befindlichen Originalurkunden aus dem 13. Jahrhundert nicht zugänglich.

8) An gedruckten Urkunden aus Provins aus dem

13. Jahrhundert fand ich bei Hans Prutz: Entwicklung und Untergang des Tempelherrenordens, Berlin 1888, S. 310 f, zwei Originalurkunden, die sich auf den Templerorden beziehen und den Archives Nationales J. 203, n. 76 und n. 96 in Paris angehören. No. 76 ist aus dem Jahre 1268; No. 96 ist undatiert, dürfte aber in dieselbe Zeit fallen.

9) Ferner habe ich für meine Untersuchung herangezogen die „Bible" des Guiot von Provins, hsgeb. von Joh. Friedr. Wolfart und San Marte (A. Schulz); Bd. 1 der Parcival-Studien von San Marte, Halle 1861. Es sind aber nur die Reime berücksichtigt worden. Die Abfassung der Bible fällt nach San Marte, Einleitung S. 4 zwischen 1203 und 1208. Ob das Gedicht in Provins entstanden ist, ist unsicher.

10) F. Bourquelot hat in den „Mémoires de la Société Nationale des Antiquaires de France" Bd. 21, S. 455—499 zwei aus Provins stammende Listen veröffentlicht unter dem Titel: „Un Scrutin au XIVe siècle". Diese auf den Archives Nationales befindlichen Urkunden sind zwar nicht datiert, fallen aber unzweifelhaft zwischen 1344 und 1356. Trotzdem sie also in die Mitte des 14. Jahrhunderts gehören, habe ich sie ihrer Merkwürdigkeit wegen herangezogen.

Es sind folgende Abkürzungen angewandt worden:

RA = Cartulaire de Renier Acorre.
CV = Cartulaire de la ville de Provins.
CH = Censier de l'Hôtel-Dieu de Provins.
GC.: = Grand Cartulaire de l'Hôtel-Dieu de Provins.
PC = Petit Cartulaire de l'Hôtel-Dieu de Provins.
Mich. 1 mit jedesmaliger Jahreszahl = die von F. Bourquelot in einem Bande vereinigten Urkunden.
Mich. 62—1269 = Die Urkunde aus jener „Liasse de 34 chartes".
Arch. nat. 76 oder 96 = die von Prutz abgedruckten Urkunden.
G.: = Bible des Guiot von Provins.
Scrut. = Un Scrutin au XIVe siècle von F. Bourquelot. Ich citiere nach Seitenzahl und Spalte (a und b).
Die Spalten der Handschriften sind mit a, b, c, d bezeichnet.

An dieser Stelle sei es mir gestattet Herrn Professor Dr. Suchier für die mannigfache Unterstützung bei dieser Arbeit, sowie den Verwaltungen der Nationalbibliothek zu Paris und der Stadtbibliothek zu Provins meinen aufrichtigen Dank zu sagen.

I.
Betonte Vocale.

Lat. ū

giebt in freier und gedeckter Silbe in unseren Texten u:
RA.: *desus* 3a, 12a.., *cure* 10d, *servitute* 7d, 19d, *mesure* 133c.
CV.: *use* 10c, *desus* 3d.
GC.: *mesure* 24c.
Arch. nat. 96: *us*.

Lat. ū + i

ergab ui:
RA.: *lui* 6d, d.., *celui* 137d, *icelui* 137d.
CV.: *celui* 7c.
CH.: *celui* 21a.
GC.: *cestui* 170a.

i aus ui zeigen:
RA.: *li (masc.)* für *lui* 10a, a, c, 21b...
CV.: *li (masc.)* 2a, 120a, *celi* 2b.
GC.: *celi* 28a.

Lat. ō und ŭ

in freier Silbe.
Vor Vokalen: RA.: *soue* 21a, 24c.
CV.: *soue* 8a, 10a, 24d, d, *soc* 22d, 27b.
CH.: *soe* 23b.

Vor Dentalen: CV.: *prodome* 10d, *prodeshomes* 11a, *proudome* 11a, *preudome* 10c, 92a, *preudezonmes* 124b, *predonmes* 124b, *prudeshomes* 92a.

Vor s: RA.: *religieusses* 8a, *espineus* 78b.

GC.: *religious* 78c.

G.: *merveillouz* 600, *irouz* 601, 1349. *anuious* 1080, *malicieux* 744.

Vor l: G.: *souz (solus)* 1348.

Vor r: RA.: *ailleurs* 185a.

CV.: *aillors* 48c, c, c, 53b, *allors* 44c, 56c, *ailleurs* 49a, d, *aillieurs, -z* 64b, b, 66a, d, *alleurs* 55c, 62d, 67d, *ore (horam)* 10d, *eure* 32b.

CH.: *ailleurs* 18b.

GC.: *aillieurs, -z* 9b.

Arch. nat. 96: *aillors*.

lat.-orem.: RA.: *seigneur* 56c, *segneur* 114a, 118d, *seignor* 3bb, *maieur* 16c, 33a, a, b, 39a, *meieur* 136c, *meeur* 117c, *maior* 7c, 8c, *prieur* 8a, b, b, 10b, *prieeur* 9a, b, b, 10b.

CV.: *seigneur* 90a, 109a, 121d, *segneur* 103a, a, 105d, *seignor* 5a, 36b, 44c, 47b, *maieur* 1a, a, a, *mayeur* 132c, *meieur* 118c, c, 119b, d, *maeur* 11d, *meeur* 10d, *maier* 10c, 39d, *maiereur* 118d, *meiereur* 125b, *maiur* 143c, c, 145d, d, d.

CH.: *seigneur* 7b, 14d, *seignor* 11a, 25a.

GC.: *seigneur* 150c, *signeur* 73c, 78c, *signor* 78b, 91c, *signour* 170b, *achetur* 153b.

PC.: *seignor* 112.

Mich. 1—1301: *segneur* 3mal.

1302: *seignor* 2mal.

Arch. nat. 76: *seignor*.

G.: *ancessor* 252, *honor* 253, 850, *seignor* 924, 1114, *prior* 1115, 1550, *meillors* 362 1640, 2272, *plusors* 651.

lat.-atorem: RA.: *procureeur* 183a, *vendeeur* 5b, b, 7d, 10b, *vandeeur* 6d, *vandeor* 50b, c, *vandeur* 21b, 33a, a, b, *acheteeur* 187c, c, c, *acheteur* 187c, *sauveeur* 9b, b, 33b, *sauveor* 8d, 9c, 12c, 15a, 18a, *sauveour* 39c, *sauveur* 33d.

CV.: *procureeur* 65c, *procureor* 48b, 50b, 54c, *procureours* 52d, *vandeeur* 108b, b, 138 bis d.

GC.: *randeor* 73c, *randeour* 73b, *achetors* 73c.
Mich. 1—1296: *vendeeur, acheteeur*.
Arch. nat. 76: *commandeeur*.
G.: *engingneor* 185, *empereors* 363, *pecheor* 2245, *guileor* 925.

Lat. ō und ŭ

in gedeckter Silbe.

Vor Dentalen: RA.: *touz* 3a, 5c, *tout* 4a, *tot* 13c, 45c, *toutes* 3a.
CV.: *tot* 23b.
PC.: *touz* 112.
Vor s: RA.: *aoust* 35d, 39b, 53a, 108b, 122c, *aost* 18a.
CV.: *aoust* 2c, *miaoust* 2a, 6a, 7d, 8a, *pentecoute* 14a, *pantecoute* 102b, *pentecouste* 98d, *pantecouste* 5a, *penthecouste* 2b, *pentecoste* 12c, *pantecoste* 17a, *penthecoste* 2c.
Vor r: RA.: *jour,-z* 39a, 40b, 45d, *jor* 7a, c, c, c, 40c, 49a.
CV.: *jour* 5c, 9d, *jor* 4a, d, *au ior dui* 14c.
Mich. 1—1302: *jour*.
Arch. nat. 96: *jour*.
G.: *jour* 664, 1680, *jorz* 1112.

Lat. ō, ŭ

vor Nasal.

RA.: *come* 12a, *conme* 3a, *com* 4b, *mont* 3b, 15b, 16c, *sonme* 4c, 5c, d, *pont* 6b, 7c, *secont* 7c, 129b, *seconz* 15a, *segons, -z* 23b, 24c, 166a, *onze* 4c, d, *sont* 3a, *raison* 3c, 6d, 8b, 21d, 25c, c, c, *reison* 113d, *reson* 31d, *maison* 39b, c, c, *meison* 34a, 39b, c, 48a., *meson* 3a, a, a, 6b, 8a, *messon* 84d, d, d, 90c, 91a.
CV.: *cum* 10c, c, *summe* 17d, 18d, 89c, *secunde* 160c, *unze* 144c, *sunt* 10d, 14a, *pont* 89d, *vount* (= *vont v. aller*) 12b, *reson* 3a, b, *Symon* 3d, *subcession* 3a, *mesum* 38b, b, *mesuns* 38b, b, *home* 1a, *prodome* 10d, *prodeshomes* 11a, *proudome* 11a, *preudome* 10c, 92a, *preudezonmes* 124b, *predonmes* 124b, *prudeshomes* 92a.
CH.: *pont* 7a, *sunt* 6b, *mesum* 38b.
GC.: *houme* 26a.

Lat. ō + i.

RA.: *patrimoigne* 118a, *chenoine* 12c, *croiz* 10a.
G.: *croiz* 1101.

Lat. ŏ
in freier Silbe.

RA.: *ue: nuef (nŏvem)* 3b, c, 4b, 15c, *dissenuef* 22a, *muerent* 3b, b, *muet* 3c, 8d, *pueent* 12b, 48b, *juedi* 105b, 173d, 181b, *juesdi* 51a, 158d, 160d, *buef* 86b, 144c, *prueve* 178d, *nuef (novum)* 116a, *nueve* 142c, 143d, *suer* 14c, 19d, 31d, 61a, *juene* 5c, 144d, *avueques* 178a.

oe: *boen* 161a.

eu: *neuf (novem)* 21b... *meut* 33a, a, 38c, d, *meuble* 101d, d, *illeuc* 39d.

e: Nach stimmhaftem Labial wurde der Diphthong geschwächt in: *avec* 5c, 6a, *areques* 4a, 6b, b, b, 15c, 160c.

CV: ue: *nuef* 4b, *puet* 12a, *juedi* 1c, *bues* (Pl. v. *huef*) 46a, 146d, *pueple* 21b, *cuer* 21a, *nueve* 5d, *suer* 1c, *mueble* 1a, b, 7a, *juene* 142a, *juesne* 141c, *illuec* 21c.

oe: *oes (ovum)* 1d.

eu: *meut* 39d, *seur* 83c, *meuble* 6c, d.

ueu: *nueuves* 147d, 149c, 156a, *sueur* 124d, *jueune* 145d.

u: *mubles* 78b, *avugles* 40b.

e: *aveic* 42a, c, 43a, *aveiques* 20c, c, 24a.

GC.: oe: *boen* 73b.

eu: *neuve* 3a, *illeuc* 3b, *aveuc* 3a.

G: ue: *puet* 9, *muet* 10, *huevre* (Subst.) 136, 1026, *huevre* (Verb.) 137, *cuevre* 1027.

oeu: *oeuvre* 1732.

Scrut: u: *june* 462a.

Lat. ŏ
in gedeckter Silbe.

RA.: *hors* 3a, *dehors* 9d, *fors* 3a, c, 12a, *cors (corpus)* 3a, a, a, *morte* 5c, *pot* 21c.

CV.: *morz* 3d, *hors* 1a, b, c, *fors* 7c.

CH.: *orge (hordeum)* 22b.

Lat. ŏ vor Nasal.

Diphthongierung zeigen nur
RA.: *boen* 161a, *cuens* 134d, 135c.
GC.: *boen* 73b.
Sonst o:
RA.: *hom* 135a, 138d.
CV.: *l.om* 78b, *hons* 11c, 21a, 67b.
G.: *bons* steht im Reime zu *cuens* 2408.

Lat. ŏ + i.

RA.: *uile* (= *oleum*) 48d, 50a, *huit* 4c, 10a, *ui (octo)* 13c, *puisse* 31b, 55c, *puissent* 5c, 14b, 17b, 45a.
CV.: *huile* 50a, 88a, a, 196c, *nuit* 155c, *au jor dui* 14c.
Daneben Formen mit oi:
RA.: *poissent* 5c, 45a, c, 114b, *hoit* 137d, *oit* 37b.
CV.: *hoile* 46b, *oile* 18c, 33c, d, 36a.
Locum findet sich durch folgende Formen wiedergegeben:
RA.: *leu, -s, -x* 6c, 16c, 18a, 21b... *lieu, -s* 3a, 5a, 11c, 14b, b, 16b.., *liex* 18d, 116c.
CV.: *leu, -s, -x*, 10a, 20c... *lieu* 129a, *liex* 149c.
CH.: *leu* 10a.
GC.: *leu* 5b, 150a.
Arch. nat. 96: *leu*.
G.: *leu* 382, *lieux* 745, 1052.
Hieran schliesst sich an *focum*, das nur belegt ist in:
G.: *fou* 165 im Reime zu *prou*, neben welchem meist *preu* vorkommt.
Erwähnt sei hier auch die Entwicklung von *oculus*:
RA.: *ioez* 136a, *ieuz* 135d.
G.: *iauz* 693.
Ohne flexivisches s:
G.: *oeil* 372, 824.

Lat. a
in freier Silbe.

1) RA.: *frere* 4a, 5d, 6a.., *mere* 4a, 6a, *gre (gratum)* 6c, *pre (pratum)* 3c, 4a, 5b, c, 6c.., *blef* 12b, d, *ble* 12c, 13b, *ne (natus)* 67b.

CV.: *pere* 1d, 2a, b.., *mere* 1d, 2c.., *frere* 2b.., *blef* 21a..,

CH.: *blef* 21a, 22b.

GC.: *ble* 3d.

G.: *ble (: taasté)* 970.

2) a vor l:

RA.: *loial* 33c, d, 45d, 55c.., *leial* 33a, 34a, *leal* 58a, 95c, 101a, *feal* 58a, 135c, *principal* 117b.

CV.: *loial* 12a, 15a, *leal* 88a, *principal* 94b, d.

GC.: *loial* 48a, *loyal* 67b, *leal* 151b, 152d.

G.: *deloial* 1038, *desloial* 1317, 1759, *symonial* 1039, *mal* 1758, *ospital* 1796, *loial* 2643.

Neben a kommt e vor in:

RA.: *principel* 177b.

Das einzige Wort ausser *tel* und *quel*, welches vor l ausschliesslich e hat ist:

GC.: *perpetuel* 115a, *perpetuelment* 78c.

PC.: *perpetuel* 112.

3) *Qualis* und *talis* werden wiedergegeben durch die Formen:

RA : *quex* 3c, c, 4d, 10b, d, 13d.., *quelz* 50c, *queus* 123a, 185b, b, c, d, *quiex* 12c, 18b, 19a.., *tex* 21d.

CV.: *quels* 20b, *quieux* 66b, 79b, *quieus* 77d, *quiex* 2c, 3a, *quielx* 50b, *telx* 30b, *tiex* 3d, *tielx* 129a.

GC.: *quex* 150b.

Mich. 1—1301: *quieux*.

Arch. nat. 96: *tiex*.

Lat. a
vor Nasal in freier Silbe.

RA.: *mein* 12d, 32c, 110c, *landemain* 4b, 6b, *landemein* 34a, 33c, c, *semainne* 99d, *semeine* 157d, *sougrestain* 61b, 70b, *certain* 182c, *certein* 177b, *prouchein* 99c, 100d.

CV.: *main* 6c, *mein* 3a, *leine* 1c, 4c, *chastelain* 12a, 41a, 42a, *chastelein* 12a. 37b, *landemen* 102a, *semene* 78d.

GC.: *pein (panem)* 10a, *pruchein* 24c, *landemen* 152b.

Arch. nat. 96: *leine*.

G.: *certaine* 629, 829, *certeine* 724, *certene* 2231.

Lat. a

unter den Bedingungen des Bartschischen Gesetzes.

1) RA.: *chief* 21a, 27b, 42a, 83b, 109b, 159b, *chier* 113d, d, 159c, c, 161a, a, *chien* 14a, *Michiel* 4d, d, 8d, 47b, *peschierres* 66a.

CV.: *chief* 10a, 21a, *iousticier* 12b, *jugier* 20a, *mangier* 8d, 22b, c, *laissier* 10d.

CH.: *chief* 14a, *chier* 30a.

Arch. nat. 96: *chief, chier, marchiez*.

Reduction zu e ist mir nicht begegnet.

2) Das unter dem Einfluss des Bartschischen Gesetzes stehende Suffix *-ata* wurde zu *iee*:

RA.: *mesniees* 4b, 7c, 8b, *forniees* 4c, *paiee* 6b, *chevauchiee* 7d, *bailliees* 8a.

CV.: *paiee, -s* 1a, c, 3b, c, 4a., *jugiee* 189b, *chevauchiee* 189c, c, c.

Nur sehr selten haben wir *ie* an Stelle von *iee*:

CV.: *paie* 120a, *chevauchie* 189c.

3) Das lat. Suffix *-anum* zeigt in dem Worte *decanum* verschiedene Entwicklung:

RA.: *doien* 49a, 186c, 187a, *deien* 36b, 48a, 49c, d, 50b, 113a, c, *deeein* 51b, 111c, *deiein* 136c, *deen* 12d, 103c, 154b.

CV.: *doien* 1a, 36c, 37b, *doyen* 133d, 134 bis c, *deien* 15d, 23d, 42d, *deain* 65c, *dean* 67d.

GC.: *dean* 5c.

Mich. 1—1309: *dean* (3 mal).

Mich. 62—1269: *daien*.

Lat. a

in gedeckter Silbe.

1) Der Wandel von ar + Cons. in er ist in betonter Silbe nur belegt in:

CV.: *cherge* 44b, neben *charge* 44b, c.
G.: *lermes* (: *termes*) 1260, 2241 (aus *lairmes*).

2) Das Suffix *aticum* ist wiedergegeben durch *age* und *aige*:

RA.: *usage* 83b, *eritage* 42d, 45c, *heritage* 3a, 44a, b, *finage* 3a, a, c, c, 5d.., *domaye* 29b, 52c, *aage* 102a, 138a, *ussaige* 43a, a, *eritaige* 60a, *heritaige* 55c, 102a, *finaige* 12c, 31d, *domaige* 49b, 50b, *aaige* 2d, 4d, 24b, c.

CV.: *eritage* 81a, *age* 105c, c, 106b, *aage* 1b, 2b, 6a, 7a.., *eritaige* 3a, a, d, *heritaige* 3a, a, *finaige* 14c, *domaige* 7b, *aige* 105a, *aaige* 2d, 4d, 24b, c.

CH.: *finaige* 18a.

GC.: *usage* 11a, *heritage* 8c, *finage* 8c, *domage* 131a, *finaige* 78b.

Mich. 1—1301: *heritage*.

Mich. 1—13 2: *eritaige*.

Arch. nat. 76: *portaige*.

Arch. nat. 96: *pesaige, pesayge*.

G: *domage, -s* 200, 1008, *ombrages* 267, *lignage* 1009, *domaige* 2221, *usaige* 2220, *otraige* 200, *fromaiges* 1413.

Einmal reimt *domages* : *otraiges* 200 : 201.

Scrut.: *minage* 471b, *minaige* 460a.

3) Die lat. Endung *abilis* erscheint als *able*:

CV.: *joutisable* 119a, *jutisable* 123b, *corpable* 10c, *courpables* 12b.

GC: *gaagnable* 26a, *gaaignables* 4d.

Daneben: CV.: *corpauble* 12b.

4) Lat. *aqua* ist wiedergegeben durch

RA.: *iaue* 3d, 4b, 5d, 6b.., *yaue* 48a, 160c, *eaue* 50d, 171d.

CV.: *yaue* 58a, *eaue* 37c.

CH.: *iaue* 21b, *eaue* 22b.

5) Ein durch Einwirkung des Nachbarlautes entstandenes i haben wir in:

RA.: *saichent* 34a, 37b, 53d, 102a, *saige* 62c, *saigement* 177c, 178a.

CV.: *saichent* 20b.

GC.: *saichent* 150b, 153b.
Mich. 1—1302: *saichent*.
Arch. nat. 96: *saiges*.
G.: *saige* 1412, 2125.
Scrut.: *saige* 464a.
Daneben aber:
GC.: *sachent* 14a, 150d.
Mich. 1—1296, 1301, 1309: *sachent*.

6) Ebenfalls auf die Einwirkung des Nachbarlautes ist zurückzuführen die Form *aige* = -*aticum* (s. o.) und ferner:
CV.: *huiche* 1a, d (neben *huche* 1b, c).
CH.: *roige* 19a, 28b, 34a, b, 38b.
G.: *paroiches* (: *cloches*) 1228.
Scrut.: *roige* 493b, 494a, a (neben *rouges* 494a), *parroiche* 462a, 466b, 470b (neben *parroche* 486b, 492a...).

a + n mouillé.

RA.: *Champaigne* 4b, 5b, *Champeigne* 12d, 13c, 26c, 27d, 31b, c.., *Champoigne* 33b, 34a, b, 35a, 48a...
CV.: *Champaigne* 7b, *Champoigne* 35c, *Champoinge* 134c, *Espaigne* 43d, 47d, *Espoigne* 37b, 38c, c, c, d, d, *compeignie* 104b, *compoignie* 40a.
CH.: *Champaigne* 18b.
GC.: *Champaigne* 7c, *Champoigne* 24c, 26c.
Mich. 62—1269: *Champaingne*.
Arch. nat. 76: *Champeingne*.
G.: *Bretaingne* 324, *Champainge* 325, *Espaingne* 2029, *compeingnie* 1045, *tresmontaingne* (: *certaine*) 628, 725, neben *tresmontaine* (: *certaine*) 828.

Lat. Suffix -arium.

RA.: *escuier* 3a, *setier* 55a, *quartier* 3c, 8d, 9d, 10a.., *cartier* 6a, 9c, d, d, 14a...
aria: *maniere* 175a, *meniere* 48a, 49c, 101d, 112a.
CV.: *escuier* 14a, *setier* 4a.. *quartier* 40b.
aria: *maniere* 10d, *meniere* 2c, 8d, neben *maneire* 38a.

GC.: *setier* 8d, *sextier* 8d, d.
PC.: *escuier* 112.
Mich. 1—1301: *maniere*.
Arch. nat. 96: *maniere*.
Scrut.: Oft neben ier auch er: *tavernier* 460b, b, b, *taverner* 460a, *huilier* 467a, *huiler* 464b, *barbier* 471b, *barber* 466a, *vaichier* 463b, *vaicher* 464b, *bergier* 476a.

Lat. a + i.

Wegen der Übersichtlichkeit werden hier auch die Fälle behandelt, in denen a + i in vortoniger Silbe steht.

1) ai: RA.: *faire* 9c, *fait* 3a, *maistre* 50c, *maison* 39b, c, c, *raison* 3c, 6d, 8b, 21d...
  CV.: *fait* 20c, 21b, d, *mais* 21b, *maistre* 18a, a, a.
  PC.: *fait* 112.
  G.: *pais (pacem)* 2604.
  ei: RA.: *feire* 10b, 42c, *meison* 34c, 39b, c, c, 48c... *reison* 113d.
  CV.: *feit* 1a, a, d, 3b, c, c, 9c.., *meistre* 22c, *meitre* 1a, 8b, 17c, *peis* 21a, 59b, 62a.
  GC.: *meistre* 150b.
  Arch. nat. 96: *peis*.
  e: RA.: *fere* 11b, *fet*, *fez* 3a, b, 4a, 5c, *meson* 3a, a, a, 6b, 8a, *messon* 84d, d, d, 90c, 91a, *mestre* 5c, d, 10a, *reson* 31d.
  CV.: *fet* 1b, *mestre* 2b, *mes* 21a, *resson* 106a.
  G.: *mestre* 543.

2) Verwandlung in a liegt vor in:
  CV.: *fare* 10d, *mastre* 51c.
  PC.: *faz (= facio)* 112.

3) oi für ai tritt durch den Einfluss des p in den Formen von lat. *pacare* auf:
  CV.: *poier* 65a, *poierent* 65b.
  CH.: *poier* 21a.
  Mich. 1—1301: *pooyent*.
  Daneben:
  CV.: *paiast* 11a, *paianz* 5d
  CH.: *paier* 33b, b, 34a, *peier* 23b.

Lat. au.

RA.: *po* (*paucum*) 49d, 50a, *chose* 14c, *chosse* 3a, b, d, 6d. 8a, 14c.

CV.: *chouses* 10c, *poires* 21a.

CH.: *poures* 34a.

GC.: *povres* 131c.

Arch. nat. 96: *po*.

G.: *Pol* (*Paulus*) 451, *po* : *lo* (*laudo*) 1376 : 1377. Ausserhalb des Reimes nur *pou*.

Lat. ĕ

in freier Silbe.

RA.: *siet* 5b, d.., *sieent* 3c, 5a, 15a, *Pierres* 6a, 24c, *iert* (= *erit*) 28a, *viez* 133c, *gié* (= *ego*) 179a, b, b.

CV.: *viez* 7b, 57b, 58b 88d, *miex* 20b.

CH.: *viez* 19b, 24a, 38a.

GC.: *gié* 91c, *gyé* 31b, 73b.

PC.: *gié* 112, 112, 112.

G.: *gié* (:*forgié*) 133, *gié* (:*changié*) 284.

Suffix **ĕrium**:

CV.: *mestier* 9a, 120c, *meetier* 21a.

Hier sei auch erwähnt das Suffix **ērium**:

RA.: *mostier* 9b.

Lat. *deum* ist wiedergegeben durch folgende Formen:

RA.: *deu* 10c, 117c, *dieu* 4d, 39b, c, c, c, 48c, 122d

CV.: *diex* 3b.

GC.: *deu* 73b, 153b, *diex* 24c, *dieex* 78c.

PC.: *dieu* 112.

Arch. nat. 96: *dieu*.

Lat. e und ĭ

in gedeckter Silbe.

1) RA.: e: *terre* 3b, c, 5c, 8d, *set* (= *septem*) 3c, *fer* (= *ferrum*) 82b, c, *feste* 6b, 8a.

i: *lettre* 25b, 31d, 33a, 101b, *letre* 12c, 16c, *dete*, -*s* 18b, *debte*, -*s* 173a, d.

CV.: e: *feste* 3d, 91b.
 i: *lettre* 46d, 133d, *letre* 11b, 41c, *dete* 3d, 6d, 71a, *debte* 68a, c, 74c, *dettes* 36a.
G.: *dete* 2229, *veve* (*vidua*) 352.

2) Lat. *metipsimus* zeigt folgende Entwicklung:
RA.: *mecsmes* 9b, 14b, *meemes* 37b, *mcesmement* 43a, *meismes* 8d, 11d, 14b, 16b, *meimes* 52a, 121b.
CV: *meemes* 16a, *mesmes* 11b, *meysme* 145d, *meimes* 56c.
CH.: *meimes* 28a.
GC.: *meesmes* 3c.

3) Ein dem *e* nachfolgendes *i* haben wir in:
RA.: *leitre*, -*s* 3a, b, c, c, 5c, d, d, 6a, a.., *apreis* (= nfrz. *après*) 35c.
CV.: *leitre*, -*s* 21b, 48b, 51b.., *dcite* 18c, 20d, d.
CH.: *leitre* 27a.
GC.: *leitre* 149a, 151d, 153b.
Scrut.: *veive* 460a, b, 461a...
Folgende Schreibung kommt vor nur im:
RA.: *laitre* 11d, 12a, 17b, c, 18d, 19c..

4) Wichtig ist die Form *voille* = lat. vigilat:
RA.: *voille* 20b, nur einmal.
CV.: *voille* 4b, b, 22d, 25c, 27c, 40a.
Mich. 1—1309: *voille*.
Daneben aber
CV.: *veille* 109d.
Hierzu vergleiche man:
RA.: *conseil* 21c, 124b, 180a, *conseill* 173a.
CV.: *conseil* 20b, 70a, 71d.., *conseill* 20a, a, *pleige* 1b, 2a, c, 19a, *plege* 25c, 108a.
GC.: *conseil* 47d.
Arch. nat. 96: *conseil* 2 mal.
G.: *conseil* 740, 2527, *merveil* 741, 2139, 2526, *soleil* 2138, neben
CV.: *consoil* 8d, 20b, 48a, d.., *consoill* 133d, 134b, *vermoil* 3c, *ploige* 1c, 2b, c, 6c, 32d, 104d...
GC.: *consoil* 170d.

5) Diphthongierung des ĕ in gedeckter Silbe ist nur belegt in:
CV.: *tierce* 24c.
GC.: *tierz* 13b.

Lat. ē, ĭ

in freier Silbe.

RA.: *droite* 5c, *trois* 6b, c, 7a, 9a, 10c, *foi* 3b, b, 6d, 10c, *oir* 7c, d, 11b, *hoirs* 16c, 21b, 25b, 31a, *voie* 9a, 96b, *savoir* 33b, 36b, *roi* 9c, *mois* 7d, 13b, 15a, 16b.
CH.: *foire* 6b, 7a, *roi* 6a.
GC.: *hoirs* 150b.
Arch. nat. 96: *savoir*.
G.: *roie* 30, *foi* 54, *loy* 53, *avoir* 92, 299, *troi* 161, *savoir* 298.

Daneben *ei* und *e*:
RA.: *hers* 45b, c, d.
CV.: *saveir* 98b.
CH.: *det* 8a.
GC.: *heirs* 24c, c. *heers* 150b.

Vereinfachung des *oi* zu *o* zeigen:
RA. *hors* 67a, *tros* 10b, *voe* 19a.
CV.: *delor (= deloir)* 14d.
CH.: *voc* 38b.
GC.: *hors* 151d, 152c, 153b, c, d.

Den Lautwert *oe* beweisen folgende Schreibungen:
CV.: *cloeson*.
CH.: *doet* 38b, *foere* 6a, *hoers* 38b, b, 39a.

Lat. ē, ĭ

in freier Silbe vor Nasal.

RA.: *mains (minus)* 3c, 4d, 6a, *aveine* 163c, *aveinne* 94a, *praigne* 159, *contraindre* 177c, *plein* 180c, *Maydaleine* 138c.
CV.: *praigne* 21d.
Mich. 1—1309: *plain*.
Arch. nat. 96: *mainent*.

Hinter Labialen Übergang zu *oi*:

RA.: *avoine* 7a, a, a.., *poine* 36d, 37c, 53b, d, 60b...
CV.: *avoine* 3d, 71b, *poine* 6c, 93b, 133d, 134b, *moins* 3b.
CH.: *avoiene* 21b, *foing* 23a.
Mich. 1 – 1302: *poine*.
Arch. nat. 96: *moinent, moine*.
Monophthongische Aussprache beweisen:
CV.: *avene* 27a, b.
CH.: *avene* 23a, 35a, b.
Arch. nat. 96: *mener*.
G.: *Magdalene* 2230.

Lat. e und ĭ
in gedeckter Silbe vor Nasal.
RA.: *tans* 96d, *tens* 112a, c, *temps* 112d, *temple* 15a, *gens*, *genz* 7c, 8b, *deffendre* 12d, *diemenche* 31b, 99b, 175c, *dimanche* 54d, *diemanche* 157c, *fame, -s* 3a, a, c, 4a, 5c, *femme* 39b, *trente* 3b, 4c, *trante* 25b, b, 34c, 35b, c, 48a.
CV.: *tans* 17c, c, 36a.., *tens* 1a, 5a, 7a, 38b, *temps* 66a, b, d, 111d, 112a, *tampz* 121b, *sergent, sergenz* 141a, 142a, *diemanche* 22a, a, *diemange* 103a, *fame* 2b, *famm* 128c, c.
GC.: *temps* 151c.
Mich. 1 - 1296: *dyemanche*.
G.: *tens* 478 (: *sens*); *tanz* 2307.

Lat. ĕl + Cons. und ĭl + Cons.
Lat. Suffix *ĕllum*:
Folgt kein flexivisches *s*, so ist dieses Suffix als *el* erhalten:
RA.: *minel* 176b, *Yssabel* 31a, *chastel* 4a, *seel* 5d, 35d, 37a, b, c, 132a, d.
CV.: *Isabel* 3d, 5c, 8a, *Ysabel* 9d, *chastel* 9b, *seel* 1a...
CH: *minel* 32b.
G: *porcel* 2062, *bel* 2063, *chapel* 1594, *isnel* 1595.
Scrut: *damoisel* 460a.

Folgt ein flexivisches *s*, so haben wir die Endungen *iau* und *eau*:

RA.: *chastiau* 62b, 129a, d (Sg.; Neubildung aus dem Plur. *chastiaux), chatiau* 101c, *biaus* 12b, b, 28a, 36b, 72c.., *seaus (sigellum* für *sigillum)*, 8b, 12c, 32c, 37c, *seeaus* 4a, 5c.

CV.: *chastiau* 67a, *chatiau* 14a, *nouviaus* 34a, *biau* 16c, 90c, c, *Biaumont* 46a, c, 56a, b, *Biaumal* 110d, *seaux* 3b...

GC.: *nouriaux* 13a, *noviaux* 26b, *biaux* 9a, *seaux* 153a, *sciaux* 48b, 78b.

ĭl + Cons:
Lat. *filtrum* gab:
CV.: *fautre* 98b.
G.: *fautre* 1219.
Scrut.: *fautre* 461a, *faustre* 467b.
Lat. *illum* und *ecce-illum:*
RA.: *cex* 52b, 121c, 122a, 139b, b, *ces* 110a, 112a, 133d, 136a, *cez* 54b, 136d, 137c, d, 138a.
CH.: *seus* 6a.
Mich. 1—1301: *ceux.*
Ferner:
RA.: *celz* 136c, 137a, *cels* 137b.
CV.: *cels* 10c, *yceuls* 20a.
GC.: *celz* 107d, *ceulz* 56c.
Daneben finden wir folgende Formen:
RA.: *aus* 4a, a, b, *ax* 44b, b, 101b, b, 128c, *caus* 4d, 37a, 135d, *caux* 45d, 51b, 52a, 138c, *ceax* 111c, 134a, *cux* 36d *ccaus* 137b.
CV.: *aus* 11d, *causs* 20a, *ceaux* 18a, b, 20c, d, 21b.
GC.: *haux* 151d, *eaux* 150d, *cauz* 67a, *ans* 151b.
PC.: *caux* 112.
Mich. 1—1296: *caux.*

Lat. ĕ + i.
RA.: *demi* 3c, d, *six* 4b, 6c, *eglise* 33a, *iglisse* 5b, b, d, 7d, *yglisse* 11d, 12a, a.
CV.: *lit* 16b, *eglise* 9b.
GC.: *esglyse* 6a.
PC.: *six* 112.
Mich. 1—1301: *esglise.*

Lat. ī.

Hierüber ist kaum etwas zu sagen; es bleibt überall. Bemerkenswert ist die Form:

CV.: *feil (= filium)* 91a.

Dieselbe Form fand auch E. Görlich: Die nordwestlichen Dialekte der langue d'oïl, Franz. Stud. V, 3 in einer Urkunde aus Rohan (Bretagne).

II.
Unbetonte Vocale.

Lat. u

erscheint als *ou, u* und *o* in:

RA.: *ioustice* 50c, 110d, d, *ioutise* 185b, d, *iustisse* 3b, *iustise* 54c, *jostise* 50d, 109a, a.

CV.: *joustise* 1c, 2d, *ioustisse* 10c, *ioustice* 11b, *joutise* 1a, 2a, a, 4b.., *joutisables* 119a, *justise* 12d, *iustice* 37b, 134d, *jutice* 36d, 37a, b, *jutisable* 123b.

Arch. nat. 96: *ouisines (= nfrz. usines).*

Lat. ō, ŭ.

1) CV.: *volante* 5b, 138b, *voulante* 127a, c.
GC.: *voulante* 170b, *volente* 47d.
Mich. 1 – 1302: *volente.*
Daneben aber:
CV.: *volonte* 127b.
GC.: *volonte* 67a.

2) Lat. *homo* ergiebt in der Bedeutung „man" die Formen:
CV.: *en* 11c, 21a, 28d, *an* 13d.
CH.: *an* 12a, 22b.

3) Eine Schwächung des *o* zu *e* in vortoniger Silbe haben wir in:

RA.: *queneu* 54c, *requencu* 37b, 54c, *requenurent* 114a, *quenoissance* 115b, *Serbonne* 6d, 7b.., *demaine* 112a.
CV.: *quenut* 1a.
GC.: *requenurent* 152a.
G.: *quenoissanz* 356, *queneuz* 1956.
Scrut.: *Serbonne* 476b.
Daneben:
RA.: *reconoissance* 135d.

4) *o* ergab *u* in:
RA.: *Hullande* 114c, *munier* 43b.
CV.: *pruchien* 21b, d, *pruchiene* 78d.
GC.: *pruchein* 24c.
Mich. 1—1302: *pruchien*.
Scrut.: *munier* 498a.
Daneben:
RA.: *Hollande* 115b, c.

5) Der Eigennamen *Burgundia* hat sich folgendermassen entwickelt:
G.: *Borgoingne* 333, 1525.
Scrut.: *Bergoigne* 476a, 482a, *Borgoigne* 486a.
Vgl. ferner:
Scrut.: *Bergoignoin* 477b, *Borgoin* 466b, 481a, 486a, *Bergoin* 470b, 475b, 479a, *Burgoin* 491b, 492b, 494a...

Lat. ŏ.

1) Einmal haben wir belegt
CV.: *pourter* 11c, aber
RA.: *porter* 3b, b, 4a...
2) *e* haben wir in:
CH.: *Jehan* 6b, b; dafür *Jahan* 6a, a.

Lat. a.

1) Der Wandel von *ar* + Cons. in *er* in vortoniger Silbe ist in unseren Urkunden belegt durch:

CV.: *deschergierres* 28a, *deschergie* 28a, *hernois* 90c, 97a, *cherpentier* 27d, 28c, *cherpentiere* 143c, *Cherronne* 1d.
CH.: *cherbonnerie* 7b, *Cherbonne* 8b, 10a, 37b.
G.: *ferine* (= *farine*) 2323, *herdi* 2128.

Vor *s* + Cons. ist *a* zu *e* geschwächt in:
CV.: *chescun* 10d, *chescum* 11a.
CH.: *chesteignier* 13b.

Daneben finden sich auch
CV.: *charpentier* 39c, 71c.
CH.: *charpentier* 10a, *charboniere* 23a, 32b.

Dieser Vorgang hat sich bis in die Gegenwart hinein erhalten.

F. Bourquelot: Patois du Pays de Provins, im Bulletin de la Société d'Archéologie, Sciences, Lettres et Arts du Département de Seine-et-Marne, Meaux 1869, I[e] année, führt als für die heutige Sprache von Provins charakteristisch an: *cherrier* qui figure dans le langage actuel et dans les écrits du vieux Claude Haton pour *charrier*. Aus eigener Beobachtung möchte ich noch hinzufügen: *cherretier* für *charretier*.

2) Umgekehrt haben wir ein *a* an Stelle eines *e* vor *r* in:
CV.: *sarreeurier* 69a, *darriene* (aus *de-retro-anus*) 65d, *darreniere* 66a, *darrecin* 66c, *darriers* 144d.
CH.: *darere* 6a, *darier* 8a, *dariez* 8b, *darieres* 10a, *darriers* 16a.
GC.: *darriens* 8d, *darrenier* 13a, *darriene* 47d.
G.: *confraries* 2076.

Daneben ebenfalls Formen mit *e*:
CV.: *derreine* 12c, 14a, *desriers* 24b, 26b, 32c, *derriers* 141d, *derrein* 38a.
CH.: *derriers* 16a.
GC.: *derriers* 3a, 153b.

Auch diese Erscheinung hat sich im Patois bis heute erhalten.

F Bourquelot bemerkt dazu a. a. O: „*e* devant *r* prend le son de *a*: *harbe* pour *herbe*, *galarne* pour *galerne*, *vars* pour *vers*, *Pré aux clars* pour *Pré aux clers*."

3) Ferner ist *a* in vortoniger Silbe erhalten in:
CV.: *Madaleine* 22d.
GC.: *damages* 48a, 73c, 78b.

4) *au* für *a* in vortoniger Silbe haben wir in folgenden Wörtern:
RA.: *autelage* (nfrz. *attelage*) 173b.
CV.: *auler* (nfrz. *aller*) 11c, *aubres* (aus *alborem*) 32c.
CH.: *aubres* 6b.

Lat. au

ergab in vortoniger Silbe *o*:
RA.: *loer(laudare)* 14c, 163c, *loa* 10a, 12d, 33b, *loable* 6d, 12b.
CV.: *loer* 9d.
GC.: *loer* 26c.
G.: *loent* 55.

Lat. $\bar{e}$, $\breve{i}$

vor gedecktem Nasal:
RA: *en* 3a, a.., *an* 3a, a.., *em* 3a, 4d, *sanz* (*sine*) 4a, d, *anfant, -z* 14d, 15c, d, *enfanz* 25a.
CV.: *en* 4a, *an* 1c, 4a, *anfant, -z* 1b, 7c, 8d, 9b, b, *enfant* 3a, *anfes* 2c, 4d, 8a, d...
CH.: *anfanz* 7a.

Lat. $\breve{e}$ + i.

i: CV.: *issir* 7a, 144a, 145a, *sissante* 21b, *mitie* 1d, 2d.
GC.: *sissante* 131d.
y: *yssir* 119d.
ei: CV.: *eisir* 141c, 143c, c, d, *seixante* 3b, *neiant* 6b.
Arch. nat. 96: *neiant*.
oi: RA.: *soixante* 25b, 36a, a, *soissante* 36a, 172d.
CV.: *moitie* 2b.
CH.: *moitie* 10a.
G.: *anoiantiz* 103, *proisier* 2499.
e: CV.: *sexante* 17c, 33a, *neant* 78a, 83c, *metie* 11d, d.
CH.: *metie* 30b.

Lat. c̆

in freier Silbe.

Vor dem Ton unterbleibt die Diphthongierung. Die Futurformen von *venir* und *tenir* haben ā:

RA.: *vendroit* 10a.
CV.: *vanra* 7c.., *tanra* 3a, a...

Lat. i.

Vor dem Ton haben wir *u* in:

CV.: *prumiere* 65a, d, 66d, 82b, *prumierement* 39c, 114a.
GC.: *prumierement* 3a.
Mich. 1--1302: *prumierement*.

III.
Consonanten.

A. Velare.

Lat. c vor o, u und Consonanten.

1) c: RA.: *conoissance* 31c, *reconoissance* 95a, *cure* 10d, *procureeur* 183a, *cors* 3a, a.., *conseil* 21c, 180a, *cordier* 30a, *reconnurent* 8a, 111b.

CV.: *cognoissance* 20a, a, *cogneussent* 20a, *procureeur* 65c, *pentecoute* 14a, *congie* 10c, 27b, *cuer* 21a, *consoil* 8d, 20b, 48a.
GC.: *cogneue* 152b, *consoil* 170d, *coing* 3a, c.
CH.: *coin* 6a.
Mich. 1—1296, 1301: *recognurent*.

2) Ist *o* zu *e* abgeschwächt, dann finden wir die Schreibung *qu*:

RA.: *queneu* 37b, 54c, *requeneu* 54c, *requenurent* 114a.
CV.: *quenut* 1a.
GC.: *requenurent* 152a, *quenut* 67b.

3) Neben
   CV.: *cuens* 10c, 21b..
   GC.: *cuens* 9b, c, finden wir
   CV.: *quens* 20c
4) Neben
   CV.: *Nicolas* 1d, 101a.
   Mich. 1—1296: *Nicolas*, finden wir
   RA.: *Nicholas* 6a.
   CV.: *Nicholas* 1d.
   CH.: *Nicholas* 6b.
   GC.: *Nicholas* 152c.
5) Im Inlaut haben wir *g* neben *c* in:
   RA.: *segonz, -s* 23b, 24c, 166a. *sougrestain* 61b, 70b, *secont* 7c, 129b.
   CV : *secunde* 160c.

Lat. c vor a.

1) RA.: *chosse* 3a, b, d, 6d, 8a, 14c, *chascun* 7d, 8a, *chastel* 6a, 7c, 187d, *chier* 113d, d, d, 159c, c, 161a, *chief* 21a, 27b, 42a, 83b.., *chenoine* 12c, *chevaus* 142d, *chevaliers* 4a, 7d, *chien* 14a. *Champaigne* 4b, 5b *diemanche* 31b, 99b, 175c.

CV.: *chouses* 10c, *chescun* 10d, *cherge* 44b, *cherpentier* 27d, 28c, *chandeles* 13a, *chastel* 9b, *chief* 10a, 21a, *chevaux* 19a, 33c, *Champaigne* 7b, *diemanche* 22a, a.

CH.: *cherbonnerie* 7b, *charpentier* 10a, *chier* 30a, *chief* 14a, *chevas* 23a.

2) *g* haben wir in:
   CV.: *diemange* 103a.

Lat. c vor e und i, sowie t + i + Voc.

1) RA.: *cil* 3a, a, a, 6c, 15d, *cist* 9a, 67a, *icelui* 137d, *cex* 53b, 121c, 122a, 139b, b, *cels* 137b, *certain* 182c, *principaus* 53a, *especiaus* 182c, *exceptions* 31d.

CV.: *cil* 10a, 26b, *cels* 10c.
CH.: *celz* 107d, *ceste* 149a, 170a, *seus* 6a.
Mich. 1—1301: *ceux*.

2) t + i + Voc.
RA.: *anciannement* 28a, *tierz* 4b, 7d, 12d.
CV.: *enciennes* 20b, *tierce* 24c.
GC.: *tierz* 13b.

3) Suffixe -*itium*, -*itia*:
RA.: *jostise* 50d, *joustise* 50c, *justise* 54c, *iustisse* 3b.
CV.: *jutice* 36a, 37a, b, *iustice* 37b, 134d, *joustise* 2d, *servise* 33d. *ioustisce* 12a, *ioustice* 11b, *joutise* 1a, 2a, a, 4b, *justise* 12d, *ioustisse* 10c, *richesce* 11a.
G.: *richesces* 852, *proesces* 853, *hautesce* 996, *gentilesce* 997.

4) Suffixe -*entiam*, -*antiam*:
RA.: *appartenances* 3a.., *conoissance* 31c, *reconoissance* 95a.
CV.: *tesmoignance* 3a.

5) Suffix -*tionem*:
RA.: *confirmacion* 181d, 182b, c, *congregacion* 20a, *anonciacion* 31a.
CV.: *subrencion* 141a, *acusacion* 83d, *soupecon* 28a, a, *soupeson* 118b.

Lat. qu.

RA.: *quiriace* 5a, 7d, *kiriace* 40b, 187a, *quartier* 8d, 9d, d, 10a, a.., *cartier* 6a, 9c, d, d, 10a.., *quart* 9b, 10a, 13a., *cart* 9a, b, 92a, *aquerre* 134d, *aquitence* 173d, *aquitance* 173b, *acquitence* 173b, *coi* 18b. 19b, 58a.
CV.: *miquaresme* 22a, 25b, b, 33d, *micaresme* 39b, *mikaresme* 5a, *quartier* 40b.., *cartier* 27c, *quoi* 10c, *coi* 8d.
CH.: *cart* 38a.
GC.: *kiriace* 152c, *qart* 10b.
Arch. nat. 96: *coi, quar* (= nfrz. *car*).

Lat. g.

1) RA.: *borjois* 157a, *bourjois* 157a, *gens, genz* 7c, 8b.
CV.: *borjois* 14d, d, *bourjois* 3b, 26a, 119a, *borrjois* 119a, *bourgois* 67b, 68a, *gardin* 106c.
Arch. nat. 96: *bourjois*.
Scrut.: *borjois* 460b.

2) Für ursprüngliches *vi* haben wir *g* in:
CV.: *sergent, sergenz* 141a, 142a.
Scrut.: *sergent* 461b.

Germ. w
im Anlaut wird *g* in
RA.: *Guillaume* 21d, *guarantie* 118a.
GC.: *guarantie* 153a, *garantir* 153c.
Arch. nat. 96: *guaignier*.

B. Dentale.
T.
Fälschlich steht *t* im Auslaute nach *n* in:
CV.: *jardint* 38a.

D.
Steht wie gewöhnlich, z. B.
RA.: *voldrent* 5d, *vendroit* 10a.
CV.: *voldra* 29d, *voudra* 29d, *vindrent* 14d.
G.: *vodroient* 239.

S.
1) Im Anlaut.
sc für *s* in:
GC: *sciaux* 17b, 48b.

2) Im Inlaut.
s = c haben wir belegt in:
RA.: *sussesseurs* 31a, *sussessors* 5c.
CV.: *cucession* 91a, *asencion* 6b.
CH: *seus (ceux)* 6a.
GC.: *susseiseurs* 152b.
Daneben:
RA.: *succession* 12c.
CV.: *acension* 6c, 7a.

Mich. 1—1302: *successeur*.
ss = x: Scrut.: *tixerent* 461b, 462a, 463a...

3) Im Auslaut.

s und z werden hier nicht mehr unterschieden:
RA.: *cens* 132d., *cenz* 132d, 137c, *nos* 139b, *noz* 37c, 135c, *cels* 137b, *celz* 136c, 137a, *temps* 112d, *quelz* 50c.
CV.: *cels* 10c, *quels* 20b, *yceuls* 20a, *noz* 3b.
GC.: *hoirs* 78c, *hoirz* 78c, *ceulz* 56c, *cels* 107d.

N.

1) Im Part. Pass von *prendre* und seinen Compositis ist ein *n* eingeschoben:
CV.: *prins* 25b, *reprins* 35c.
GC.: *porprins* 3a.
Mich. 1—1301: *seurprins*, 1296: *pourprins*.
Auch im Perf.:
CV.: *print* 8d, 9d, *printrent* 23c, 30c.
Daneben jedoch auch Formen ohne *n*:
CV.: *pourpris* 87d, 91a.
CH.: *porpris* 6a.
GC.: *porpris* 151b.

2) Für mouilliertes *n* finden wir verschiedene Schreibweisen.
a) Inlaut:
RA.: *Champaigne* 4b, 5b.
CV.: *Champaigne* 7b, *Champoinge* 134c, *compeingie* 104b:
CH.: *Champaigne* 18b.
GC.: *Champaigne* 7c.
Mich. 62—1269: *Champaingne*.
Arch. nat. 76: *Champeingne*.

b) Auslaut:
RA.: *Juing* 5d, *Junḡ* 6a, c.
GC.: *coing* 3a, c, *loing* 13b.
G.: *besoing* 1434, *tesmoing* 1435, *loing* 1840, *poing* 1841, *mehaing* 2536, *baing* 2537.

3) Die Nasalierung des *n* wird durch *g* bezeichnet in:
Mich. 1—1302: *ung*.

R.

1) *r* vor Consonanten fiel aus in:

RA.: *mescredi* 161a.

CV.: *mescredi* 1c, c, *mecredi* 17a, 80a, c, *meicredi* 21b, 22b, 23c...

neben

mercredi 79d, 87b.

F. Bourquelot: Patois du Pays de Provins bemerkt hierzu: „R, entre une voyelle et une consonne disparaît et la voyelle s'allonge: *abre* pour *arbre*, *mécredi* pour *mercredi*. La forme *abre* est ancienne en Champagne. On la voit dans un aveu de Réthel en 1305: une pièce de terre siet à l'abre de Navarre."

2) Nur im CV. belegt sind:

CV.: *corpable* 10c, *courpables* 12b, *corpauble* 12b.

L.

1) L wird vocalisiert und entwickelt sich hinter *a, o, e* zu *u*:

RA.: *queus* 123a, 185b, b, c, *tex (x = us)* 21d, *leaus* 175b, 182d, *principaus* 53a, *principax* 118c, *especiaus* 182c, *feaus (= fidelem)* 173a, *vaus* 58b, 142b, *autre* 6c, 12c.., *chevaus* 142d, *haut* 7c.

CV.: *quieus* 77d, *quieux* 66b, 79b, *tiex* 3d, *leaus* 77d, *chevaux* 19a, 33c, *chevax* 18c, 22b, 161b, 164b, b, *voudra* 29d, 79a, *voutrent* 80a, *rousist* 9b, *roussissiens* 20a.

CH.: *chevas* 23a.

GC.: *quex* 150b, *leaux* 150d, *feaux* 131a, *reaume* 170b, *rousissent* 48a.

Mich. 1 - 1301: *quieux*.

Arch. nat. 96: *tiex*.

G.: *loiax* 130, *loiaux* 877, 2078, *cruax* 1146, *cruaux* 876, *hospitax* 1821, 1899, *metax* 1898, *max (: Clervaux)* 1203.

Daneben ist *l* oft nicht aufgelöst:

RA.: *quelz* 50c, *solz* 4b, c, 10c, *vorra* 127c, *volt* 10a, 21c, *soldees* 134a, a.

CV.: *quels* 20b, *telx* 30b.

2) L im Auslaut fiel ab in:

CH.: *Ayou* 38b.
GC.: *Aou* 11c, *Raou* 97c.
Daneben aber:
CV.: *Aoul (Aigulfus)* 40b, *Ayoul* 7a.
CH.: *Aoul* 7a, *Ayoul* 7a, a, a, *Ayol* 25a.

3) Assimilation liegt vor in:
CV.: *pallent* (= *parlent*) 43a, b, 46c, 47c...
GC.: *pallent* 13a.

4) Bemerkenswert ist die Form:
CV.: *auler* (= *aller*) 11c, 12a, a.

5) Für lat. *filios* begegnen uns folgende Formen:
CV.: *filz* 1c, 4c, *fiz* 89c, d, *fiuz* 22a, 32c, 40b, 68d, 78c..
GC : *fiuz* 152c, *fiulz* 150a.

C. Labiale.
P.

1) Vor flexivischem *s* ist *p* ausnahmsweise geschrieben in:
CV.: *hannaps* 18d, 19a, 33a, 34b.

2) *P* für *b* haben wir in:
CV.: *Jacopins* 9c, neben *Jacobins* 67d.
CH.: *Jacobins* 9a.

B.

1) Erwähnung verdient die Lautgruppe *aubl* in folgenden Wörtern:
CV.: *estaubli* (= *établi*) 10d, d, *conestauble* 161a, *cognestauble* 152b, b, 153b, b, *corpauble* 12b.

2) Beachtenswert sind folgende Formen des Monatsnamens *october*:
RA.: *octobre* 39a, 124a, 188a, *octovre* 34a, 123a, *outovre* 20d, *ouctouvre* 16a, b, 18d.
CV.: *otobre* 96c, *octembre* 14b.

3) *B* für *p* haben wir in
RA.: *barroche* (nfrz. *paroisse*) 163b.
CV.: *barroche* 90c.
Dies eine Verwechselung mit *basoche*.

F.

1) Im Auslaut stehendes *f* ist verstummt in:
    CV.: *bailli* 18a., neben
    CV.: *baillif* 11d, 37c...
2) Neben
    RA.: *blef* 12b, d.
    CV.: *blef* 21a...
    CH.: *blef* 21a, 22b
ist belegt:
    RA.: *ble* 12c, 13b.
    GC.: *ble* 3d.
    G.: *ble* (: *tnasté*) 970.

V.

1) Für heutiges *boire* ist belegt:
    CV.: *boivre* 8d, 22b, c, 23c.
2) Für *vu* finden wir die Schreibung *w* in:
    CV.: *weille* 11b, b, *weillent* 21c,
    neben:
    vueille 98a.
    G.: *wide* (: *desvuide*) 1870.

M.

Giebt zu keinem Bemerk Anlass.

Formenlehre.

IV.

Declination.

a) Substantivum.

In Bezug auf die Setzung oder Nichtsetzung des flexivischen *s* zeigen unsere Texte eine grosse Unregelmässigkeit. Im CV. scheint die alte Declinationsregel mehr bewahrt zu sein als im RA. Dies gilt indess nur für die 1. und 2. Declination, in der 3. ist vollständige Zerrüttung eingetreten.

Masculina.
1. Declination.

Nom. Sg.: RA.: *frere* 3b, 6a, 37b...
CV.: *frere* 2b.., neben
RA.: *freres* 3b, c, c, d, 8a, 135d.
CV.: *freres* 1b... *peres* 4c.
Nom. Pl.: RA.: *frere* 3c, 4a...
GC.: *frere* 78b, neben
RA.: *freres* 3b, b, 7a.
CV.: *freres* 4c.

2. Declination.

Nom. Sg.: RA.: *escuiers* 3a, b, b, c, 4b, b.., *chevaliers* 3c, 4a, 7c.., *filz* 7c, 139b, *arpanz* 6d, 7a, 10b, 11a.., neben
RA.: *chevalier* 3b, b, c, 4a, a, 7c.., *escuier* 3a, b, c, c, 5d, 6a.., *arpant* 7a...
CV.: Der Nom. Sg. hat stets *s*.
Nom. Pl.: RA.: *pre* 3c, d, *hoir* 37b, *fil* 138a, *arpant* 5a, a, 9a.
CV.: *arpant* 3a, *prisonier* 11d, d, *sergent* 11d, d, daneben
CV.: *sergenz* 11c.
Acc. Sg.: RA.: *filz* 10b.
Acc. Pl.: RA.: *hoir* 33a, *finage* 36d.

3. Declination.

Der Acc. steht meist für den Nom.
Nom. Sg.: RA.: *seignor* 3b, 4a, *maior* 4a, *maieur* 16c, *hon* 135c, *hom* 138d.
CV.: *hom* 78b, *hons* 11c, 67b.
Jedoch:
Nom. Sg.: RA.: *sires* 5c, 134d.., *Messires* 5d, 6a., *cuens* 134d, 135c.
CV.: *meire* 119d, *meires* 1a, *lerres* 11d, *anfes* 2c, 4d.
Acc. Sg.: RA.: *conte* 134d, 136c.
CV.: *larron* 11d, *felon* 67b, *home* 1a, *anfes* 26b und *anfant* 1b, *enfanz* 1a.

Nom Plur. mit *s:*
RA.: *seignors* 5c., *Messires* 3b. c..

Die Eigennamen befolgen noch vielfach die alte Declinationsregel, jedoch steht auch hier *s* fälschlicherweise, z. B.:
Acc.: RA.: *Pierres* 6a, a...

Feminina.

Über die 1. und 2. Declination ist nichts zu bemerken.

Von der 3. Declination seien nur folgende Formen von lat. *soror* erwähnt:
Nom. Sg.: RA.: *suer* 3c, 7b...
CV.: *suer* 1a, *seur* 90d, d, *seurs* 95b, *sereur* 90d, *sereurs* 5b.
Acc. Sg.: RA.: *seror* 139a, *suer* 3b, c, *seur* 138d.
CV.: *sereur* 5d, 77d, 90d, *suer* 1c, *seur* 90d.

Der Plur. hat meist *s*.

Von weiblichen Eigennamen sei erwähnt:
Nom.: CV.: *Gilon* 3a und *Gilons* 3a.

Im Scrut. viele weibliche Eigennamen auf *-on:*
Blanchon, Alison, Marion, Isabelon, Margaron, Melinon etc.

b) Adjectivum.

Es richtet sich in der Flexion nach dem Substantivum. Meist sind noch die ungeschlechtlichen Formen im Gebrauch:
RA.: *la grant voie* 3d, *la grant iustisse* 3b, *la quel terre* 10c, *la quel vendue* 3c, *les quex chosses* 3b, 10d, *par tel maniere* 189a, b.
CV.: *une grant huche* 3c.
CH.: *la grant rue* 7b.

Daneben haben aber *qualis* und *talis* auch die längere Femininform:
RA.: *la quele terre* 6d, 33c, *des queles costumes* 4b, *la quele masure* 5a, *la quele avoine* 7a, a, *les queles chosses* 7b.
CV.: *la tele partie* 22a.
Arch. nat. 96: *an tele maniere*, 2 mal.

c) Pronomina.

Da sich wegen des spärlichen Materials keine Paradigmen aufstellen lassen, so sei hier nur einiges Bemerkenswerte erwähnt.

1. Personalpronomen.

Lat. *ego* ergiebt *gié* und *ge:*
CV.: *gié* 189a, a...
GC.: *gié* 149a.
PC.: *gié* 112, 112, 112 und
CV.: *ye* 189a, a..
Li an Stelle von *lui* findet sich häufig:
RA.: *li* 21b, 25c, 31d...
CV.: *li* 1a, d, d, 2a, b...
Auch als Femininform:
CV.: *li* 1c, 2a.
Die Entwicklung von lat. *illos* siehe unter ĕl + Cons.

2. Possessivpronomen.

In der unbetonten Form:
Nom. Pl. Masc. steht statt *mes*
CV.: *mi* 189d.
Von der betonten Form der 1. Pers. ist belegt die Femininform
CV.: *moie* 189b.
Von der 3. Pers. sind belegt:
RA.: *suens* 8c, 10a.
CV.: Nom: *miens* 189b, Acc. *mien* 189b.
Das Femininum zeigt folgende Schreibungen:
RA.: *soue* 21a, 24c.
CV.: *soue*, -s 8a, 10a, 24d, d, 189a, d, *soe* 22d, 27b.

3. Demonstrativpronomen.

a. Artikel.
Masculinum.

Nom. Sg.: RA.: *lou Muiau* 3a, *lou chevalier* 3c, *li diz Adanz* 3b, *li achaz* 3b, c.

CV.: *li registres* 1a, 22a, *li larges* 1d, *li fiuz* 22a, *li maieur* 77a, *li prevoz* 77a, *le dimanche* 1a.
CH.: *le porpris* 6a.
Acc. Sg.: RA.: *lou iardin* 3a, *lou porpris* 3a, *lou chapon* 3a, *lou roi* 3a, *li frere* 3b, *le conseil* 124b, *le profit* 124b.
CV.: *le maieur* 1a, a, *le dit Guillot*.
Arch. nat. 76: *lou portaige*.
Nom. Pl.: RA.: *li livres* 3a, *li pre* 3b, *li dui frere* 3c.
CV.: *li sergent* 12b, *li boriois* 189a.
Acc. Pl.: RA.: *les leitres* 3a, *les oirs* 3a.
CV.: *les echevins* 1a, a, *les anfanz* 3a.
Im Femininum lautet der Artikel sowohl im Nom. als auch im Acc. Sg. *la*.
Folgende Verschmelzungen des Artikels mit einer Präposition sind häufig belegt:
RA: *dou* = *de le* 3a, a, b.., *du* = *de le* 3a, *au* = *a le* 3a, b, b.., *des* = *de les* 3a.., *aus* = *a les* 4b.., *as* = *a les* 7b.., *el* = *en le* 3a.., *es* = *en les* 3a, c, 4d., *ou* = *en le* 3c...
CV.: *dou* 1a.., *au* 1a.., *des* 1b.., *aus* 3a...
CH.: *du* 6a, 8a.
GC.: *as* 78c.
Arch. nat. 96: *as*

b. Für den adjektivischen Gebrauch des Demonstrativums seien folgende Belege angeführt.
RA: *a celui Adam* 3b.
CV.: *de celui Alixandre* 2b, *a celi Alixandre* 2b, *avec celui Renier* 2c.
Neben *celui* haben wir auch *celi:*
CV.: *celi* 2b.
CH.: *celi* 28a.
Über lat. *ecce illos* siehe unter ĕl + Cons.

4. Relativpronomen.

Für nfrz. *dont* haben wir folgende Formen:
CV.: *dom* 2c, 4c, 22a.., *don* 3b, *dont* 2c.

5. Unbestimmtes Pronomen.

Bezüglich *en*, *an* = nfrz. *on*, lat. *qualis, talis* und frz. *même* vgl. die betreffenden Stellen im Vocalismus.

V.
Conjugation.

Es mögen hier nur einige Abweichungen von der modernen Conjugation Erwähnung finden.

Praes. Ind. Die Hss. zeigen keine wesentlichen Verschiedenheiten.

RA. hat neben *va* 18c, 137d auch *vet* 3c, 6b, 8a, 135d... CH.: *vait* 12a, 15a.

Ferner CV.: *puet* 12a, daneben auch CV.: *pout* (vielleicht Schreibfehler) 11c.

Die Form *viaut*(=*vult*) findet sich CV. 11b, c, c, 44a, 189a.

Die 1. Pl. geht stets auf *-ons* aus; *onmes* haben wir nur in RA.: *sonmes* 5c, c.

Von der 2. Pl. ist belegt: Arch. nat. 96: *metoiz*:

Im RA. und CV. nur *sieent*; *sient* dagegen im CH: 6a, 7a, a, a.

Für *faz* im GC. 29d und PC. 112 haben wir *fais* (i. Sg.) im RA. und CV.

Im CV. 189c haben wir: *veill* (= *volo*).

Für *vienent* steht Arch. nat. 96: *venient*.

Imperfectum. Endigt auf *-oie*.
Die 1. Pl. hat *-iens*.

RA.: *poiens* 109a, 138d, *aviens* 109a, 135c, d, 138d, *estiens* 109b, *teniens* 109a, *aparteniens* 127a.

Arch. nat. 76: *ameniens*

Arch. nat. 96: *avoiens, paiens*.

Ferner haben wir belegt:

CH.: *pleidions* 21a.
Arch. nat. 96: *peseions, deveions*.

Perfectum. Vor allem sei hier die nur im RA. vorkommende Form *vendié* der 3. Pers. hervorgehoben: 3a, a, b, b, b, c, 4a, b.. Daneben sporadisch:
RA.: *vandi* 33b, *vendi* 3b.
Die 3. Plur. hat nur einmal *ie*, sonst *i*:
RA.: *vandierent* 108b, aber: *vendirent* 3c, c, 7b, 8d.., *randirent* 3c...
Im RA. kommt einmal 6a: *fut* vor, dsgl. Arch. nat. 76 und 96, sonst nur *fu*.
Von den Perfectformen der *a*-Stämme sind belegt:
RA.: *pot* 21c.
CV.: *ot* 1c, 3c, *ost* 1d, *orent* 3d, *vost* 120a.
Über *n* in den Perfectformen von *prendre* vgl. unter n.
Neben RA: *tindrent* 124b, 132d.
CV.: *vindrent* 5b.
auch RA.: *tinrent* 37c, 137c, *vinrent* 5a.
Zu bemerken sind noch die Formen:
Arch. nat. 96: *finemes, pouimes*.

Futurum: Die Formen des Futurums zeigen nur ausnahmsweise den Einschub eines d:
RA.: *vorra* 127c, *tenra* 138b, b, *vanront* 124c.
CV.: *tenra* 3a, *couranra* 189d, *vinra* 4a, *vanrront* 189a, *vourront* 189a.
Daneben CV.: *voudra* 29d, 79a.
G.: *vodroient* (Condic.) 239.
Neben RA.: *sera* 10a findet sich auch
RA.: *iert* 28a.

Condicionale: Die 1. Pl. endigt stets auf *-iens*:
RA.: *seriens* 139b, b, *porriens* 136c.
CV.: *porriens* 11a.
Arch. nat. 76: *paieriens*. Arch. nat. 96: *vourreiens*.

Subjunktiv des Präsens.

Die alte Form *gart* finden wir bewahrt CV. 3b.

RA.: *aillent* 52d neben

CV.: *voisent* 11d.

1. Pl. auf *-iens*:

CV.: *aiens* 10d, *preignens* 10d.

Subjunktiv des Imperfects:

Neben RA.: *esteussent* 4a, *eusiens* 109a, 159a.

CV.: *deust* 11d, *feust* 150a, *cogneussent* 20a, *peussent* 10c, *peuissiens* 20a.

haben wir: RA.: *fussent* 3a, d, *fust* 5c, d, 29b.

CV.: *fust* 5a, *usiens* 191a.

GC.: *quenust* 67b.

Die 1. Pl. auf *-iens*.:

RA.: *fussiens* 5c, c, *eusiens* 109a, 159a.

CV.: *peussiens* 20a, *peussens* 10c, *usiens* 191a, *peuissiens* 20a, *voleiens* 42c.

Arch. nat. 76: *puissiens*; Arch. nat. 96: *puissiens*.

Participium des Perfects:

Neben RA.: *receu* 31a, 45a, *requeneu* 37b, 54c, *queneu* 54c, *veu* 49c, *deceu* 52b, 54c.

GC.: *cogneue* 152b.

G.: *queneuz* 1956, *veuz* 1957.

haben wir: RA.: *rendu* 3a, 31a, *rendu* 3c, d, 7a, 9d, 15d, *renu* 3c, *tenuz* 5c.

Infinitiv.

Von den alten Infinitiven begegnen uns nur:

RA.: *aquerre* 134d.

CV.: *querre* 11c, c.

Auf Grund vorliegender Untersuchung lassen sich nun einige Abweichungen des RA. von den anderen Handschriften konstatieren:

1) Lat. *a* in gedeckter Silbe vor *r* + Cons. = *e* ist sowohl in betonter als unbetonter Silbe nur aus dem CV. und G belegt; dasselbe gilt von *a* vor *s* + Cons.; ebenso bieten nur CV., CH., GC. und G. ein *a* an Stelle eines *e* vor *r* in unbetonter Silbe.

2) Die Verwandlung von *conseil* in *consoil* ist nur dem CV. und GC. bekannt; RA. hat *conseil*. Dagegen ist im RA. einmal *voille* belegt, das in den anderen Handschriften häufig ist.

3) Die alten Perfecta auf *ie* in der 3. Pers. Sg. kommen nur im RA. vor.

Ferner sei noch erwähnt, dass

4) die Formen des Perf. und Part. Passé von *prendre* im RA. nie ein *n* einschieben.

Diese Abweichungen des RA. von den übrigen Handschriften sind nicht so bedeutend, dass wir dem RA. die Zugehörigkeit zur Sprache von Provins absprechen müssten. Bezüglich der Bible des Guiot von Provins hat die Untersuchung gezeigt, dass sie in der Sprache von Provins geschrieben ist. Die wenigen Abweichungen sind wohl auf das höhere Alter und darauf zurückzuführen, dass die Handschrift wahrscheinlich nicht in Provins geschrieben wurde.

Anhang.
Urkunden.

Zur Ergänzung vorliegender Arbeit mögen hier einige bis jetzt nicht herausgegebene Urkunden aus den von mir benutzten Handschriften folgen.

Beim Abdruck dieser Urkunden scheide ich zwischen *i* und *j*, *u* und *v*; auch setze ich die Cedille; nur die Eigen- und Ortsnamen sind gross geschrieben. Die Abkürzungen sind aufgelöst, aber in den Anmerkungen bemerkt worden. Zur besseren Übersicht numeriere ich die Urkunden.

    No. I—XXXII umfassen Fol. 1a—3b des CV.
    No. XXXIII umfasst Fol. 6a—8a des CH.
    No. XXXIV umfasst Fol. 78b und 78c des GC.
    No. XXXV steht auf Fol. 112 (unter No. 367) des PC.

Von dem RA. drucke ich nichts ab, weil diese auf der Nationalbibliothek in Paris befindliche Handschrift leichter zugänglich ist, als die Handschriften in Provins.

Es sei hier bemerkt, dass ich unter No. XXVI eine auf Renier Acorre bezügliche Urkunde aus dem CV. abdrucke.

Cartulaire de la ville de Provins.

I.

[Fol. 1a]. C'est li registres dou cors de la vile de Prouvins et¹) dou Vilois feiz par devant le maieur et par devant les eschevins dou tens que Guillaume²) Penthecoste fu meires an l'an de grace m cc et lxxi qui chei an l'an lxxii.

1) 7 und immer so, wenn nichts Besonderes bemerkt wird. 2) Guill.

II.

Adanz filz Pierre dou Four vint par devant le maieur Guillaume¹) de Furnes et²) par devant les eschevins³) et quenut qu'il a receu dou maieur Guillaume¹) de Furnes xv livres⁴) que Hues Lieteris li devoit et s'an tint a paiez et an bailla unes lettres de quitances sceleee ou seel au doien de la crestienté. Et²) sont en la huiche de la vile qui est en la volte. Et²) fu feit an l'an de grace mil cc. lxxi le juedi devant les Brandons.

1) Guill. 2) et. 3) eschenis. 4) lb.

III.

Estienes Salemons et Guilloz Roviarz doivent x livres¹) a Guillaume²) Penthecoste³) maieur de Prouvins.

1) lb. 2) Guill. 3) penth.

IV.

(Guillaume¹) Ferraguz vint par devant la joutise et mist hors de s'avouerie Margue, Jobanne et Maron ses trois filles et²) se tindrent a paiees de la partison. Et²) fu feit an l'an de grace mil cc et lxxi le dimanche après feste Nostre³) Dame en marz.

1) Guill. 2) et. 3) Nre.

V.

Ales la Jocée fame feu Garnier Jocé de Vuileines vint par devant le maieur Guillaume[1]) Penthecoste[2]) et Jehan de Vilecran et[3]) mist hors de s'avourie Guillot Jocé et[4]) Estevenet Jocé enfanz a cele Ales. Et[3]) leur donna c solz[4]) en mueble et leur partison de par leur pere et s'en tindront a paié. Et fu fet an l'an de grace m. cc et lxxi le lundi devant Paques Fleuries.

1) Guill. 2) penth. 3) et. 4) s.

VI.

Helonis fame feu Jaque dou Chié vint par devant le maieur Guillaume[1]) Penthecoute, mestre Nicholas Tuebuef et Jehan Chapuis. Et[2]) donna a Garin son fillatre et[3]) a Maron suer a ce Garin xx solz[3]) a chascun et a chascun [Fol. 1b] i lit de plume et iii quartiers de vigne et s'en tindrent a paié. Et[3]) fu fet en l'an de grace mil cc[4]) et lxxi le dimanche devant Paques Flories.

1) Guill. 2) Et. 3) s. 4) C II.

VII.

Rigolez freres Novel de Hollande vint par devant le maieur Guillaume[1]) Penthecoute et[2]) quenut que il doit a Jehan Chapuis xx livres[3]) et de ces xx livres[3]) il en a mis Enseline iii liz de plume forniz, ii mestiers a tisseranz forniz et vi huches que unes que[4]) autres et iii poz de cuivre et ii paeles et ii bans et iii liz et ii tourz a mestiers de tisseranz et ii tapiz et une floçaie. Et[5]) fu fet an l'an de grace mil cc et lxxii le jour de feste S.[5]) Lorant.

1) Guill. 2) Et. 3) lb. 4) q. 5) s.

VIII.

Jehannauz des Chateigniers vint par devant le maiour et mestre Nicholas Tuebuef et[1]) quennt que il doit a Guillemet son neveu, fil Estevenet des Chasteigniers xii livres[2]) et de ces xii livres[2]) il en a donné un pleige Gilo le Lavandier et Martin des Chasteigniers et doit tenir et norrir l'anfant tant qu'il soit d'aage[3]). Et[1]) fut fet an l'an de grace m. cc et lxxii ou mois de juignet.

1) Et. 2) lb. 3) soit aage.

IX.

Bardauz de la Marquotiere vint par devant le maieur et mist hors de s'avourie Robin son fil et Raoulet son fil et Gilet son fil et leur donna a ces iii anfanz arpant et demi de vigne et la granche si com ele se comporte qui muet de Monseigneur Archanbaut Haran, et les muebles qui feront en iiii arpanz de vignes et iii contes et iii coissins et iii petites cuves et [Fol. 1c] trois granz cuves pour parer vin et iiii tonniaus et vii queves et iiii buches. Et[1]) s'an tindrent a paié. Et[1]) fu fet an l'an de grace mil douz cenz et lxxi le dimanche devant Paques Fleuries.

1) Et.

X.

Peronnelle la Fainteliue de Saint Jehan[1]) vint par devant le maieur Jehan de Vileeran et[2]) mist hors de s'avourie Henriet son fil et ot la partie son pere en sa part et s'en tint a paiez.. Ce fu fet an l'an de grace mil cc et lxxii le mescredi après Quasimodo.

1) Jeh. 2) Et.

XI.

Guilloz filz Ugue de S.[1]) Ceine vint par devant la joustise et quita Edelinete sa suer de toutes choses et cele Edeline quita ausinques le dit Guillot son frere de toutes choses. Ce fu fet en l'an de grace[2]) m. cc lxxii le juedi après feste S.[1]) Croiz en mai.

1) s. 2) gĉe.

XII.

Dame Felise fame feu Lombart l'Avenier vint par devant le maieur Guillaume[1]) Penthecoste[2]) Gilebert[3]) de Mori et Herbert[4]) de la Noe et mist hors de s'avourie Katerine sa fille et li donna[5]) ii liz forniz de dras et de tapiz, v napes, ii poz, ii paeles, iii pierres de leine que blanche que[6]) noire et s'en tint a paiee. Et[7]) fu fet en l'an de grace m. cc lxxiii ou mois de decembre le jor de feste S.[8]) Jehan[9]) l'evangelistre.

1) Guill. 2) penth. 3) Gilebt. 4) herbt. 5) dōna. 6) q̃. 7) Et. 8) s. 9) Jeh.

XIII.

Ploige Guillaume[1]) Reimon pour Symonnaut dou Champelaut des louiers de la Bouquin des Bainz.

1) Guill.

XIV.

[Fol. 1d]. Simons Chenoistres vint par devant le maieur et¹) mist hors de s'avourie Perraut son fil et ost en sa part la partie de par sa mere et s'en tint a paiez. Et¹) fu feit an l'an de grace mil cc lxxii le mescredi aprés feste S.²) Nicholas en mai.

---

1) et. 2) s.

XV.

Tiece la Cherroone fame feu Jehan le Cherron vint par devant le maieur et¹) mist hors de s'avourie Gilet son fil et Jehannaut²) Maillaut son fil et donna a chascun de ces ii anfanz xxx solz³) et ont la partie⁴) de par leur pere et s'en tindrent a paié. Et¹) fu feit en l'an de grace m. cc⁵) et lxxii le vanredi apres feste Saint Nicholas en mai.

---

1) Et. 2) Jehānaut. 3) s. 4) ptie. 5) $\overset{C}{II}$.

XVI.

Guiarz li Larges vint par devant le maieur et mist hors de s'avourie Herbelaut son fil et li donna la mitié de la meison ou il estoit devers sa fosse et i quartier¹) de vigne qui fu Michiel le Large et i arpant de terre²) a Bannos et v huiches et ii oés et vi oisons et s'en tint a paiez. Et³) ce fu fet en l'an de grace m. cc⁴) et lxxii le lundi aprés les huitaves de la feste Seint Nicolas an mai.

---

1) quart. 2) tre. 3) Et. 4) $\overset{C}{II}$.

XVII.

Robins li soure lannerres et Richanz sa fame vint par devant le maieur et mist hors de s'avourie Jehan¹) leur fil et li donna i mestier²) a tisserant et iiii solz³) et s'en tint a paiez. Et⁴) ce fu fet an l'an de grace m. cc et lxxii le mescredi aprés la quinzeine de la S.⁵) Nicolas en mai.

---

1) Jeh. 2) Mest. 3) s. 4) Et. 5) s.

XVIII.

[Fol. 2a]. Margue fille feu Pierre des Bainz vint par¹) devant²)

---

1) p. 2) denāt.

le maieur et devant les eschevins et donna an pleige dou quart de la meson des bainz qui est Bouquin son frere des louiers Monseigneur Thiebaut[1]) de Fontenoi chevalier et Guillaume[2]) l'Uileer. Et[3]) ce fu fet an l'an de grace m. cc lxxii le vanredi aprés l' Acension.

1) tht. 2) Guill. 3) Et.

XIX.

Laquete fille Tiebaut des Chaudieres vint par devant la joutise le maieur Jehan de Vilecran et clama quite Johanne fame a ce Tiebaut toute l'escheoite qui li estoit descendue de par son pere. Et[1]) fu fet an l'an de grace m. cc et lxxii le vanredi aprés feste S.[2]) Martin le voillant.

1) Et. 2) s.

XX.

Oedes Beroz de Morteri vint par devant la joutise et mist hors de s'avourie Jehannaut[1]) son fil. Et[2]) fu fet an l'an de grace mil cc et lxxii le jour de feste S.[3]) Lorant.

1) Jeht. 2) Et. 3) s.

XXI.

Ernous Miniaus de Sourdu vint par devant le maieur et mist hors de s'avourie Jehannaut Bousart son fil et li donna sa part de la meson qui muet de Champbonel et sa part de ii coutes et sa part de lx milliers de chardons et sa part de ii setiers de froment et d'un setier d'avoine et d'un setier de feves et s'an tint a paiez. Et[1]) ce fu feit an l'an de grace m. cc lxxii le dimanche devant la miaoust.

1) Et.

XXII.

[Fol. 2b]. Marie fame feu Henri Mouton vint par devant le maieur et mist hors de s'avourie Jehannaut son fil et li donna une coute et i coissin de l'outiers[1]) et ii lincixus, une huche et ii peins de iiii deniers[2]) et la moitié d'une chambre et la mitié que vous retressites et la part de par son pere et s'an tint a paiez. Et[3]) fu fet en l'an de grace m. cc et lxxii le mescredi devant Penthecouste.

1) Vielleicht Poitiers? 2) d. 3) Et.

XXIII.

Tiebanz de Bannos vint par devant Jehan de Vilecran et requenut que il doit a Poicherons et a Doisi son frere et a ses compaignoons lxxxxviii¹) livres²) pour dras que cil Poicherons li a vanduz bailliez et delivrez a paier au paiemant de la foire Saint Ayoul prochienemant a venir an l'an mil et cc et lxxii et por ces deniers mianz randre et paier il a donné ploige Thiebaut³) de Braciaus, Jehannaut⁴) l'espicier et Colet Bodin randeors chascuns por le tout. Ce fu fet an l'an de grace m. cc et lxxii.

1) iiii. xviii. 2) lb. 3) Tbt. 4) Jeht.

XXIV.

Isabiaux fame feu Alixandre dou Minaige vint par devant le maieur et par devant Nicolas de la Loige clerc et donna a iii anfanz quele a de celui Alixandre xv livres¹) de Tournois, de mueble et iii liz de plume, et doit garder la dite Isabiaux les dites xv livres¹) por ces enfanz jusque a tant qu'il soient d'aage.²) Tesmoing de cete chose Jehan dou Minaige frere a celi Alixandre et Renauz li sourz de Vile-Blouein et Jehan³) dou Bois. Ce fu fet an l'an de grace mil cc et lxxii le jour de la Magdeleine.

1) lb. 2) soient aage. 3) Jeh.

XXV.

Auberis li Telerons vint par devant la justise et mestre Nicholas Tuebuef et quenut qu'il a receu de Jehannaut¹) des Chasteigniers vi livres²) an deniers contanz³) que feu Estienes des Chasteigniers devoit a Perraut⁴) [Fol. 2c] son serorge, des quiex vi livres²) cil Auberis li Telerons duit xl solz⁵) pour a panre celui Perraut par⁶) la cort de ses amis et des iiii livres²) qui demeurent⁷) de Remenat, il en a donné en ploige Renaut de Marnai, Garnier le çavetier outre la porte de Trois et⁸) doit tenir cil Auberis ces iiii livres²) juques a tant que cil Perrauz oit fet son servise juques a iiii anz et tient cil Perrauz une meison de ce feu Estienes¹⁰) des Chasteigniers qui est ou pris de viii livres²) dom cil feu Estienes des Chasteigniers li en devoit xiiii livres que en deniers contanz³) que an la meson. Et⁸) an cleime cil Perrauz quite Martin¹⁰) le borsier, Jehan¹¹) des Chasteigniers de la plevine dont¹²) il estoit pleige de xiiii livres²) envers ce Perraut⁴). Et⁸) fu fet an l'an de grace m. cc et lxxii le jour de feste S.¹³) Estiene¹⁰); en aoust. Das Folgende von anderer Hand hinzu-

1) Jeht. 2) lb. 3) 9tanz. 4) praut. 5) s. 6) p. 7) demeuré. 8) Et. 9) est. 10) Marti. 11. Jeh. 12) dōt. 13) s.

gefügt: et de ces iii livres²) que¹) Auberis devoit a ce Perret cil Peirez an clama quite cel Auberi et s'an tint bien³) por paiez par⁴) devant Estienes⁵) de Fontene Riant.

1) lb. 2) q̄. 3) bn̄. 4) p. 5) est.

XXVI.

Jehannauz et Estevenauz anfant feu Oede de Viez Champoigne fillastre Renier Acorre furent mis hors de l'avourie a ce Renier et Johanne leur mere le jour de feste S.¹) Estiene an aoust par devant le maieur Guillaume²) Penthecosto, mestre Nicholas Tuebuef, Oede Corion, Guillaume³) le chapelier prevost, Hue de Gouai, Jehan³) Pelerin, Jehan Reimon et Gile de Grate lou clerc an tele meniere que les parties s'acorderent a ce que pour chose que cil enfant devant dit demourassent ne reperassent avec celui Renier ne avec leur mere devant diz que cil enfant ne leur puissent riens demander par reison de nule compaignie. Et⁴) ce fu fet an l'an de grace m. cc et lxxii le jour de feste S.¹) Estiene⁵) an aoust.

1) s. 2) Guill. 3) Jeh. 4) Et. 5) est.

XXVII.

Pierres don Couchoi vint par devant le maieur et les eschevins et queaut qu'il a recen de Gautier de Vodoi xx livres¹) pour l'anfant au prevost des Musarz et doit rendre ces xx livres¹) quant li anfes [Fol. 2d] sera d'aaige²). Et³) an donna an ploige Jehan⁴) de Cortacion⁵) et Thomas dou Couchoi. Et³) fu fet an l'an de grace m. cc et lxxii le vanredi aprés feste Saint Estiene⁶) en aoust.

1) lb. 2) sera aaige. 3) Et. 4) Jeh. 5) cortacō. 6 Est.

XXVIII.

Marie dou Four vint par devant la joustise et mist hors de s'avourie Robin son fil et li donna demi arpant de vigne et le mueble de la vigne et c milliers¹) de chardons, une couste et i coissin, ii paeles et ii huches. Et²) s'en tint a paiez. Et²) fu fet an l'an de grace m. cc et lxxii le dimanche devant la S.³) Lorant.

1) Mills. 2) Et. 3) s.

XXIX.

Marie de Vanderez vint par devant le maieur et mist hors de

s'avourie Martin son fil et li donna le quart de la meson de par son pere. Et¹) s'an tint a paié. Et¹) fu fet an l'an de grace m. cc et lxxii le lundi devant feste S.²) Lorant.

1) Et. 2) s.

XXX.

Miles li Fannerons vint par devant le maieur mestre¹) Nicolas Tuebuef, Nicolas Vilein, Jehan²) le grant, Jehan³) Chapuis et Lambert de Verie et³) dist cil Miles qu'il metoit hors de s'avourie Adenet son fil et que se cil Adenez forfesoit riens que l'en n'en⁴) pouist riens demander ce Mile son pere. Et³) fu fet an l'an de grace m. cc et lxxii le vanredi aprés feste S.⁵) Lorant.

1) Mest. 2) Jeh. 3) Et. 4) nē. 5) s.

XXXI.

Marie la Fainteline de S.¹) Jehan²) vint par³) devant le maieur Guillaume⁴) Penthecoste⁵) et mist hors de s'avourie Guillot son fil et li donna la part de par³) son pere et la part⁶) de par³) sa mere et s'en tint a paiez; et fu fet an l'an de grace m. cc et lxxii le dimanche devant feste S.¹) Jehan²) Decollace.

1) s. 2) Jeh. 3) p. 4) Guill. 5) penth. 6) pt.

XXXII.

[Fol. 3a]. C'est li acorz et les couvenances qui sont antre Mile le pevrier d'une part et¹) Gilon sa bruz d'autre part seur la subcession feu Jehannaut²) le pevrier fil de ce Mile. Li quiex acorz fu fez par Guillaume³) Penthecoute et Jehan Chapuis en cui meins les parties le fiancerent⁴) a tenir. C'est a savoir que cele Gilons avra et tenra⁵) pour la reison de ses enfanz et de son douaire de l'eritaige de la part a la mere a ce feu Jehannaut²) environ cinc arpanz et demi de terre en une piece qui sieent seur le chemin de Cuchermoi, et¹) un autre arpant iqui anpres ou ailleurs a la vaillance. Et¹) avra cele Gilon et tanra ancor par la reison de ses enfanz et de son douaire huit arpanz de terre qui furent donné⁶) a ce feu Jehannaut²) an mariaige et¹) i arpant de vigne qui siet aus Rues et¹) environ vii arpanz de terre et une meison a tout le pourpris qui sieent a Ruperreux qui furent donné a ce feu Jehannaut en mariaige. Et¹) ancor tanra cele Gilons pour la reson de ses enfanz quatre arpanz de terre qui sieent de lez les cinc arpanz et demi devant diz et deus chambres qui sont environ le moulin Moucenne. Li quel iiii arpant et ii chambres furent acheté en l'eritaige aus enfanz. Et¹) est a savoir⁷) que li enfant ont paié a cele Gilon de leur muebles vint et quatre livres de Tournois pour la mitié de l'achat. Pour les quiex heritaiges devant diz et pour la mitié d'un arpant de vigne que cil Jehannauz⁸) et Gilons aquistrent qui siet ou terreor dou meis, cele Gilons est tenue a metre en avant pour les anfanz chascun an sept livres et est a savoir qui li remenanz de muebles [sera]⁶) aus enfanz de la descendue de par leur pere. C'est a savoir que cele Gilons mettra en avant aus enfanz les issues de l'eritaige qui sera achetez des cent livres aprés ce qu'il coutera a soutenir soufisanmant et¹) est a savoir que tuit li denier qui istront des issues des heritaiges a ce feu Jehannet et des heritaiges que l'en achetera de ces cent livres¹⁰) aprés ce qu'il couteront [Fol. 3b] soufisanmant a retenir seront anploié en heritaige par¹¹) l'assen des deux parties. Et¹) est a savoir que de l'anplete qui sera fete en heritaige des cent livres et des issues des leur heritaiges, que se il avenoit que li uns des enfanz ou li dui mourissent, don Diex les gart, que cil heritaige qui seront acheté de leur muebles revenroient a leur mere ausi com¹²) li denier et li mueble feissent¹³), se il ne fussent pas anploié en heritaige. Et¹) par ces parties qui sont ci desus devisees cele Gilons fame feu Jehannaut²) quita touz les autres heritaiges de par la mere a ce feu Jehannaut³) et touz autres heritaiges qu'ele porroit demander par la reson de son mariaige en quel comques¹⁴) leu qu'il fussent. Et¹) pour ce que cete chose soit plus ferme et plus estable nous Guillaume³) Penthecoste¹⁵) et Jehan¹⁶) Chapuis devant dit avons mis noz seaux en ces lettres pour tesmoignance. Ce fu fet en l'an de grace mil deuz cenz et seixante et onze ou moi de fevrier.

1) Et. 2) Jeht. 3) Guilt. 4) fianceret. 5) tera. 6) dōne. 7) assauoir. 8) jehz. 9) sera ist vielleicht zu ergänzen. 10) lb. 11) p. 12) q. 13) feissēt. 14) enquelqques. 15) penth. 16) Jeh.

Censier de l'Hôtel-Dieu de Provins.

XXXIII.

[Fol. 6a] Ce sont¹) les mesons de la meson Dieu de Provins²).

La meson de Vilecran et³) le porpris dareres.

La meson de Ros dareres Seint Jahan.

La granche de les le Puis le conte.

Le bordiau ver Montaler et⁵) la moitié de l'autre.

La place du Puis le coute qui joint⁴) a la place de Joï.

[La meson qui⁵) est⁷) lez Seint Lorant]⁶).

La meson devant Forcadas.

Les tres pars de la meson de la charserie qui fait le coin.

[Li estauz des chauges⁸) devant⁹) Seint Thiebaut fors la Foerc de mai¹⁰)]⁶).

Deus mesons entretenant en la Lormerie.

Darere les estauz du chatel une meson qui joint⁴) au Four lou roi.

La meson qui fu Raoul Contesse qui siet ver la Porte neuve.

La meson qui joint a seus de l'Annoi seur la Piserote.

Chambres qui sient desouz la Piscrote qui durent et³) euvrent¹¹) de ruele a autre de les Jaban¹²) dou Solier.

La meson qui fu au chalange.

La meson que mestre Renaut le Fusisian tient¹³).

[Fol. 6b.] La meson qui fu Jehan de Forciteilles.

La meson de Molin Montiene.

La meson qui fu Jolivet.

La meson de lez que li tisseranz tient.

La meson de la lavanderie.

La meson et les chambres de lez que¹⁴) li esquoz tint.

V chambres ansuianz chacune [a Cheminee]¹⁵.

La meson que Jehanz li granz¹⁵) tient.

La meson anpres¹⁶).

La meson anpres¹⁶).

La meson anpres¹⁶).

La meson desriene.

La meson qui fu au chaalonge que Gaudichianz tient¹³).

IIII chambres qui sunt aprés¹⁷) le Chamerost chacune.

La desriene chambre que tient¹³) Gautiers de Sauliz.

La meson Gauthier de la Ferté en la Bretonnerie¹⁸).

La meson Jehan des Aubres.

La meson Nicholas le tainturier qui siet en la rue de Boulansois.

La place qui fu Thierri de Bar.

[Fol. 7a]. La meson de Boulansais qui sient en la Foire Seint Aoul.

Les mesons et³) le four qui sient en la rue de Culoison¹⁹).

La meson de Pontisiaus que¹⁴) Estienne²⁰) Brulez tient.

Li estauz de lez les mesons de Seint Ayoul et³) les mesons qui sont amprés qui sient entre le changes Seint Ayoul et³) le four Seint²¹) Ayoul en la rue au Fessiauz.

Le coutil de Ferrion.

La meson Chiesoie qui siet entre la rue Blanchart et³) la meson Thomas de Chesi.

III chambres en la rue Blanchiart.

II chambres qui sient amprés la meson²²) au bons anfanz et³) [les tint]⁶) feu Berbe[z]⁶).

La granche de la rue de Pipeiart et³) les places qui sont desriés.

La meson que Giles de Molin Docle tient et siet de lez le pont de Pipeiart.

La meson²²) de Cuille qui²⁴) se joint²³).

La meson de la rue aus Alemanz et³) les chambres²⁶) derrier.

Les mesons²³) que¹⁴) tient Jehan de la Brocc les chambres²⁶) Quoies seus l'iau.

[Fol. 7b]. La meson seur Vousie et³) siet de les la teinture Jaques Juliot au pont Veron.

La meson de la rue neuve Dieu que tient Thibaut de Monciauz le bouchier.

La meson que¹⁴) Jaques²⁷) Juliot²⁸) tient¹⁵) de nos a annees, par²⁹) xx solz³⁰) qui²⁴) est Espichonnée Espotiauz de sa teinture³¹).

La meson a la Pipee qui siet en la grant³²) rue pres de la meson feu Nicholas Hennuier.

La meson que Arnoulet le tripier tient.

La meson qui fu a la pafansse³³) et³) joint⁴) a celle qui seeve est.

La meson de la cherbonnerie.

La meson de la rue dou Temple que¹⁴) tient Girart le crespe [et³) les autres qui²⁴) si joignent²⁴) et³) li porpris]⁶).

Les mesons basses amprés que tient¹⁵) Mellin.

La meson dou Mellot qui joint⁴) a la teneure Jehan Guibert et³) l[e]⁶ pentiz avec.

La meson deseur le pont qui joint⁴) a la meson mon Seigneur Jehan Malecovee.

[Une place ou fu la queue d'un tireor qui²⁴) fu a la rubeide]⁶).

[Fol. 8a]. La meson que Melon du pont tient et part a Nostre Dame du Val [a un chapelein]⁶).

La meson amprés que tient dame Gile la Barbiere.

La meson qui fu Hue de la Noe.

La meson de la rue dou Molin qui joint⁴) a la meson Hue de la Noe et³) a la meson Jehan le Blo.

Le palés qui joint⁴) a la meson Dieu.

La meson darier la fonteinne devant la meson Dieu que Jehan Tribouz tient.

Toutes les mesons de tuille et³) des sen le leselier(?) et³) les caves si comme³³) elle comportent³⁶) des le pavement [juque a]⁴) la meson de seinte de les sein perc.

La meson qui siet seur Durtein en la ruelle converte que tient Giles de Drolis a sa vie. Riens n'en³⁷) det.

1) sōt. 2) promīs. 3) 7. 4) ioint. 5) q. 6) Das durch die Klammer Eingeschlossene ist von anderer Hand hinzugefügt. 7) et. 8) chāge" 9) deuāt. 10) may. 11) cuurent. 12: iahā. 13) tiēt. 14) q. 15) grāz. 16) n̄. 17) aps. 18) bretōnerie. 19) culoisō. 20) estiēne. 21) sēit. 22) meso'. 23) bōs. 24) q. 25) ioit. 26) chābres. 27) iaq̄s. 28) niliot. 29) p. 30) s. 31) teīture. 32) grāt. 33) Godefroy giebt zu diesem Worte nur einen Beleg unter palanche. 34) joignēt. 35) cūme. 36) cōportent. 37) nē.

Grand Cartulaire de l'Hôtel-Dieu de Provins.

XXXIV.

[Fol. 78b.] Nous Gautiers de Durtein¹) maires de la commune²) de Provins³) et⁴) Jehanz de Vernou⁵) prevoz⁶) de Provinz⁸) faisons a savoir a touz çauz qui⁷) ces presentes⁸) letres veront⁹) et⁴) orront que¹⁰) comme¹¹) nobles hom messires Mahyns de Meselinges sires jadis dou Plessié aus Brebant chevaliers¹²) et⁴) noble dame Jsabians sa fame tenissent, si comme¹¹) on dit, de noble home mon Signor¹³) Guillaume¹⁴) de Corberon chevalier¹⁵) une piece de leur bois dou dit Plessié au Brebant et⁴) dou finaige dou dit [Fol. 78c.] Plessié a trois solz de cenz si com¹⁵) l'an dit. Les quex trois solz¹⁶) de cens cil Guillaume¹⁴) tenoit si comme¹¹) on dit an ariere¹⁷) fié de damoisele Jsabel de Boissise et⁴) li diz Guillaume[14]) ait receu et[4]) eu si com[15]) l'on dit en recompensacion[18]) des devant diz trois solz de cens et[4]) de la signorie dou dit cens sept arpanz de bois ansamble le tresfons de la terre[19]) a Jssi si comme[11]) l'on dit es bois meisme dou dit Pleissié ou leu que[20]) on dit ... Corbier en heritage a lui et[4]) a sez hoirs et[4]) ait li diz Guillaume[14]) reprins[21]) de la dite damoisele si com[15]) l'on dit en fié et[4]) an homage les devant diz sept arpanz de bois ensamble les fons de la terre[19]) sanz autre[22]) moyen de signeur pour[23]) les diz trois solz[16]) de cens, et religious home li maistres et[4]) li frere de la maison Dieu devant[24]) la fouteine de Provins[3]) aient eu et[4]) receu en non[25]) d'eschange et[4]) de permutacion[26]; les diz bois qui[7]) movoient dou dit cens[27]) quites[28]) et[4]) frans si com[15]) l'on dit (Guillaume[29]) pour[23]) autre[22]) bois assis si com[15]) on dit en la forest de Joy en leu que[20]) l'on dit[30]) bois Hunaut. La dite damoisele en nostre[31]) presance[32]) establie aceitence(?) de son droit si com[15]) ele disoit discretement[33]) et[4]) de sa bone voleute sanz.... [34]) quita[35]) par[36]) devant nouz perpetuelment[37]) et[4]) a touz jors[38]); pour[28]) li et[4]) pour[23]) sez hoirz as devant diz religieus homes au mestre et[4]) as freres de la maison Dieu devant[24]) dite tont le aricre[17]) fié que[20]) ele avoit et[4]) pooit et[4]) devoit avoir es devant diz trois solz[16]) de cens ansamble toute l'action et[4]) la signorie Diecx pour[23]), le fié des devant diz sept arpanz de bois ansamble le tresfons[39]) de la terre[19]) don cil Guillaume[14]) de Corberon chevaliers[12]) .... [34]) en son homage si com[15]) ele dit et[4]) promist[40]) la dite damoisele par[36]) sa foi et[4]) sus peine de tous damages de tous despens et[4]) sus l'obligacion de touz ses biens presanz[41]) et[4]) a venir qu'ele[42]) ne vanra jamais contre[43]) celle quitance[44]) par[36]) li ne par[36]) autrui. En tesmoign[45]) des quiex[46]) chosses a la requeste[47]) de la dite damoisele nous avons seelees ces letres de nos sciaux. Ce fu fait en l'an de grace mil cc lxxx[48]) et[4]) v ou mois de marz.

1) durtei. 2) gmune. 3) puins. 4) ÷. 5) rnou. 6) puoz. 7) q. 8) psentes. 9) rrout. 10) Q. 11) gme. 12) chlrs. 13) mo. 14) Guillt. 15) 9. 16) s. 17) riere. 18) regpensacion. 19) tre. 20) q. 21) repns. 22) aute. 23) p. 24) deuāt. 25) nū. 26) pmutacion. 27) cēs. 28) qtes. 29) G. 30) apele ist drüber geschrieben. 31) nre. 32) psance. 33) discretemt. 34) unleserlich. 35) qta. 36) p. 37) ppetuclmt. 38) icrs. 39) tsfons. 40) pmist. 41) psanz. 42) qle. 43) qtre. 44) qtance. 45) tesmoig. 46) qex. 47) reqste. 48) iiii.

Petit Cartulaire de l'Hôtel-Dieu de Provins.

XXXV.

[Fol. 112]. Lettres dou los de viii arpenz¹) de terre²) au Millieres an la parroche de Baucheri.

Gié Giles de la Mote chevaliers faz a savoir a touz çaux qui cez lettres verront que³), comme⁴) Henris de Nuisement escuiers ait donné⁵) et⁶) otroié an pure et⁶) perpetuel⁷) aumone an la meson⁸) Dieu devant la fonteinne⁹) de Provins¹⁰) vi arpenz de terre²) arable asis ou leu que³) l'en apele les Milieres, movanz dou fié mou Seignor Girart de Baucheri, eschangié a icele meson Dieu ii arpenz¹) de terre²) tenanz a cele dite terre²) avec cez sis arpenz qui¹¹) mueveut¹²) de mon ariere¹³) fié. Gié cel don de cez sis arpenz¹) ansamble les deux autres eschangiez ai ferme et⁶) greable et⁶) les lo et⁶) otroi a tenir et⁶) avoir a la dite meson Dieu quitement et⁶) an pes a touz jourz¹⁴) mes au mein morte et⁶) an tesmoing¹⁵) de ceste chose gié ai scllees cez lettres de mon¹⁶) seel. Ce fu fait an l'an de grace mil et⁶) cc et⁶) lx et⁶) viii ou mois d'avril.

1) arpēz. 2) tre. 3) q̄. 4) cōme. 5) dōne. 6) ⁊. 7) ppetuel. 8) mesō. 9) fonteīne. 10) puins. 11) q. 12) mueuēt. 13) ′riere 14) iourz. 15) tesmoig̃. 16) mō.

Nachweisung

der in den abgedruckten Urkunden vorkommenden Örtlichkeiten, soweit es mir möglich war.

- I. Prouvins = Provins. Seine-et-Marne.
- I. Vilois. Unter diesem Namen wurden die die „banlieue de Provins" ausmachenden Communen zusammengefasst.
- II. Furnes?
- V. Vuileines = Vulaines. Seine-et-Marne, Arr. Provins
- V. Vilecran: war ein „Faubourg" von Provins.
- VII. Hollande = Holland.
- VIII. Les Chasteigniers: Weiler bei Monceau-lès-Provins, Arr. Provins.
- X. Saint-Jehan: Wird auch ein Faubourg gewesen sein, vgl. Porte Saint Jean in Provins.
- XI. Saint-Ceine?
- XII. Mori = Mory, Seine-et-Marne, Arr. Meaux.
- XII. La Noe = la Noue; Weiler bei Sablonnière, Arr. Coulommiers.
- XVI. Bannos = Bannost; Seine-et-Marne, Arr. Provins.
- XVIII. Fontenoi = Saint-Brice, ehemals Fontenoy — S. Brice; 1 km von Provins.
- XIX. Les Chaudicres?
- XX. Morteri = Mortery; Seine-et-Marne, Arr. Provins.
- XXI. Sourdu = Sourdun. Seine-et-Marne, Arr. Provins.
- XXIII. Braciaus, vielleicht = Bracieux, Loir-et-Cher, Arr. Blois.
- XXIV. Vile-Blouein = Villeblevin; Yonne.
- XXV. Marnai = Marnay. Aube, Arr. Nogent.
- XXV. Trois = Troyes; Aube.
- XXV. Fontene Riant = Fontaine Riante, Weiler bei „Ermitage" bei Provins.
- XXVI. Viez Champoigne = Vieux Champagne, Seine-et-Marne, Arr. Provins.
- XXVI. Gonai, vielleicht Gouaix, (sonst aber Gouvois geschrieben) Seine-et-Marne, Arr. Provins.
- XXVI. Grate; wohl kaum das Grate auf Corsica.

XXVII.	Vodoi = Vaudoy; Seine-et-Marne, Arr. Coulommiers.
XXVII.	Les Musarz?
XXVII.	Cortacion = Courtaçon; Seine-et-Marne, Arr. Provins.
XXIX.	Vanderez?
XXX.	Verie, vielleicht = Very, Meuse, Arr. Verdun.
XXXII.	Cuchermoi = Cucharmoy, Seine-et-Marne, Arr. Provins.
XXXII.	Les Rues: Weiler bei Saint-Brice bei Provins.
XXXII.	Ruperreux = Rupéreux; Seine-et-Marne, Arr. Provins.
XXXII.	Moulin Moucenne?
XXXIII.	Montaler, vielleicht = Montalet-le-Bois, Seine-et-Oise, Arr. de Mantes.
XXXIII.	Joï = Jouy-le-Châtel, Seine-et-Marne, Arr. Provins.
XXXIII.	Saint Lorant: Bekannt war früher eine Strasse Saint-Laurent-des-Ponts in Provins.
XXXIII.	Forcadas: Dieser Name kommt in der Verbindung „les maisons du Forcadas" vor in einer Urkunde von 1176; vgl. Lebœuf, S. 86.
XXXIII.	La Porte Neuve: in Provins.
XXXIII.	La Piserote: vielleicht ein Bach bei oder in Provins.
XXXIII.	Forciteilles?
XXXIII.	Molin Montiene?
XXXIII.	Cheminee?
XXXIII.	Sanliz: vielleicht = Senlis, Oise.
XXXIII.	La Bretonnerie: Seine-et-Marne, Arr. Provins.
XXXIII.	Rue de Boulansois: in Provins.
XXXIII.	Bar vielleicht = Bar-sur-Seine, Aube; oder Bar-sur-Aube, Aube.
XXXIII.	Rue de Culoison: in Provins; heute noch Porte Culoison.
XXXIII.	Rue au Fessiauz: in Provins.
XXXIII.	Rue Blanchart: in Provins.
XXXIII.	Chesi = Chessy, Seine-et-Marne, Arr. Meaux.
XXXIII.	Rue de Pipeiart: in Provins.
XXXIII.	Molin Docle: Weiler bei „les Ormes sur la Voulzie", Arr. Provins.
XXXIII.	Pont de Pipeiart: in Provins.
XXXIII.	Rue aus Alemanz: in Provins.
XXXIII.	Vousie = Voulzie; Flüsschen, das durch Provins fliesst.
XXXIII.	Pont Veron: in Provins.
XXXIII.	Rue Neuve: in Provins.
XXXIII.	Monciauz = Montceaux-les-Provins. Seine-et-Marne, Arr. Provins.
XXXIII.	La Pipee?
XXXIII.	La grant Rue: in Provins.

XXXIII.	La Rue dou Temple: in Provins.
XXXIII.	La Rubeide?
XXXIII.	Nostre Dame du Val: Kirche in Saint-Brice.
XXXIII.	Rue dou Molin: in Provins.
XXXIII.	Durtein = Durteint; Flüsschen, das Provins durchfliesst.
XXXIII.	La Ruelle Couverte: in Provins.
XXXIII.	Drolis?
XXXIV.	Vernou: Seine-et-Marne, Arr. Fontainebleau.
XXXIV.	Meselinges?
XXXIV.	Plessié aus Brebant: Es giebt viele Plessis, welches?
XXXIV.	Corberon = Courberon bei „les Marets", Seine-et-Marne, Arr. Provins.
XXXIV.	Boissise: Boissise-la-Bertrand oder Boissise-le-Roi; beide Seine-et-Marne, Arr. Provins
XXXIV.	Jssi = Jssy, Dorf und Fort bei Paris.
XXXIV.	Bois Hunaut?
XXXV.	Terre au Millieres bei Beauchery.
XXXV.	Baucheri = Beauchery, Seine-et-Marne, Arr. Provins.
XXXV.	La Mote = la Motte, Weiler bei Chalautre-la-Reposte, Seine-et-Marne, Arr. Provins.
XXXV.	Nuisement = Nuisement-aux-Bois, Marne, Arr. Vitry, oder Nuisement-sur-Coole; Marne, Arr. Châlons.

Für diese Nachweisungen sind folgende Werke benutzt worden:
Adolphe Joanne: Dictionnaire géographique de la France. Paris 1872.
E. Dubarle: Statistique du Département de Seine-et-Marne. Paris 1836.
G. Lebœuf: Guide dans Provins et les environs. Provins 1885.

Vita.

Natus sum Adolfus Gottschalk in oppido Hasso-Nassoviae provinciae, cui nomen est Cassel, die XVII mensis Junii MDCCCLXXI patre Henrico, matre Friderica e gente Daenzel. Fidei addictus sum evangelicae. Litterarum elementis imbutus gymnasium reale Casselanum per novem annos frequentavi. Maturitatis testimonio impetrato vere anni MDCCCLXXXIX numero civium universitatis Halensis adscriptus sum, ut studio linguarum recentium incumberem. Vere anni MDCCCLXXXXI universitatem helveticam Genevensem et autumno eiusdem anni universitatem Parisiacam adii.

Denique vere anni MDCCCLXXXXII Halas Saxonum ad litterarum studia absolvenda reverti.

Magistri mei viri fuerunt doctissimi
Halis:
>Aue, Burdach, B. Erdmann, Haym, Heuckenkamp, Kauffmann, Kirchhoff, J. Meier. Sievers, Suchier, Uphues, Wagner, Wiese.

Genevae:
>B. Bouvier, Ritter, Rod.

Parisiis:
>Baret, Beljame, Petit de Juleville.

Benevolentia Hermanni Suchier, Albrechti Wagner, Konradi Burdach mihi contigit, ut Halis seminarii romanici, anglici, germanici essem sodalis. Quibus omnibus viris illustrissimis, imprimis autem Hermanno Suchier gratias quam maximas habeo semperque habebo.

Thesen.

I.
Das Sonett Petrarcas „Gloriosa Colonna" ist 1330 abgefasst.

II.
Die Monarchie Dantes ist dessen letztes Werk.

III.
Die Ansicht Suchiers, dass afrz. estoveir auf lat. stupere zurückgeht, ist richtig.

IV.
Es kann nicht Sache des Universitätsunterrichtes sein die neufranzösischen Schulautoren zu erklären.